경영론 · 향연

부클래식
059

# 경영론 · 향연

크세노폰

오유석 옮김

부북스

# 차 례

**일러두기**

* 이 번역의 주요한 텍스트로는 E.C. Marchant & O.J. Todd (eds.), Xenophon IV : *Memorabilia and Oeconomicus, Symposium and Apology,* The Loeb classical library 168, Cambribge, Massachusetts : Harvard University Press, 1968을 사용했다.

* 본문에서 대화 속의 대화는 작은따옴표(' ')로, 작은따옴표 속의 대화는 홑화살표(《 》)로 표시했다.

# 개정판 서문

이 책이 처음 출판된 지 벌써 거의 10년의 세월이 흘렀다. 하지만 책이 절판되어서 실제로 독자들에게 제대로 평가받지 못한 채 묻혀 있었다. 이제 10년 만에 개정판을 내어, 다시 독자들에게 크세노폰의 저술을 다시 소개할 수 있게 되었다.

개정판을 내면서 번역을 일부 수정했으며, 독자들의 편의를 돕기 위해 삽화를 넣고 관련 논문도 함께 실었다.

《경영론》과 《향연》은 어찌 보면 아무 관련 없는 저술들처럼 보이지만, 사실 고대 희랍의 중요한 가치인 **"훌륭하고 좋음(kalokagathia)"**에 관해 논의하고 있다는 공통점을 가지고 있다.

크세노폰은 훌륭하고 좋음이 도덕적 품성뿐 아니라 가정과 국가를 경영하고 관리하는 능력까지 포괄한다고 생각했다.

이 책이 독자들에게 희랍 고전에 관한 관심을 불러일으키는 동시에, 성공적인 삶에 관해서도 생각해 보는 기회를 제공하게 되기를 기대한다.

# 크세노폰의 생애

크세노폰은 아테나이인 그륄로스의 아들이다. 그가 언제 태어났는지는 불분명하다. 하지만 그가 기원전 424년 델리온 전투에서 말에서 떨어졌다가 소크라테스에 의해 구조되었다는 일화가 사실이라면, 그는 기원전 444년 이후에 태어났을 수 없다. 하지만 이러한 일화는 후대 저자에 의해 기록된 것이며, 《원정anabasis》 vi 4.25에 따르면, 그는 기원전 401년에 서른 살을 넘지 않았다. 그렇다면 그는 대략 기원전 430년에 태어났다.

크세노폰은 젊어서 소크라테스의 제자였다. 하지만 그의 인생에서 전환점이 된 사건은 기원전 401년 페르시아의 퀴로스와 아르타크세르크세스 간의 내전에 개입한 일이다. 그러나 쿠낙사 전투에서 퀴로스가 살해되자, 희랍인들은 티그리스와 유프라테스 강 사이의 평원에 홀로 남게 되었다. 그리고 몇몇 희랍군 지도자들이 티싸페르네스(아시아 남부의 총독)에 의해 배반당해 살해되자, 크세노폰이 장군 중 하나로 선출되었다. 그는 아르메니아의 고원을 넘고 흑해를 넘어 희랍인들을 고향으로 귀환시키는 임무를 맡았다. 희랍인들은 큰 고통을 받았으며 그들 중 일부는 트라키아의 왕 세우테스 밑으로 들어갔다.

이때 라케다이몬인들이 티싸페르네스에 대항해서 전쟁을 벌이자, 크세노폰은 군대를 이끌고 아시아로 돌아가서—당시 아테나이는 스파르타와 전쟁 중이었지만—라케다이몬 군대를 도와 싸웠다(기원전 399년). 기원전 396년에 스파르타의 왕 아게실라오스가 라케다이몬 군대를 아시아로 이끌고 가서 페르시아 군에 대항해서 싸울 때, 크세노폰도 함께 전쟁에 참여했다. 아게실라오스가 소환되자(기원전 394년) 크세노폰도 따라갔는데, 그는 코로네아 전투(기원전 394년)에서 라케다이몬 군대를 도와서 아테나이인들에 맞서 싸웠다. 결국, 크세노폰은 아테나이로부터 추방당했다.

전쟁 후 그는 아게실라오스와 함께 스파르타에 갔다가 엘리스의 스킬로스 지방에 정착했다. 여기서 그는 사냥하고 저술 활동을 하며 친구들과 만나면서 소일했다. 아마도 이때 《원정》과 《헬레니카》의 일부가 저술된 듯하다. 기원전 371년 테바이에 의해 스파르타의 패권이 무너지자 그는 스킬로스로부터 추방당했다. 그는 코린토스에 가서 일생을 마쳤다고 전해진다.

그의 가장 유명한 저서는 《원정anabasis》이다. 여기서 그는 퀴로스를 도와서 내란에 개입했다가 퇴각하는 희랍 군대의 여정을 생생히 그리고 있다. 한편 그는 투키디데스의 《펠로폰네소스 전쟁사》가 끝나는 시점부터 362년 만티네아 전투까지의 48년간 역사를 기록한《헬레니카》를 저술했다. 또한, 그는 퀴로스를 현명하고 유능한 군주의 표본으로 생각했기 때문에《퀴로스의 교육》이라는 책을 썼다. 한편 그는 소크라테스에 관해서도 몇 권의 책을 저술했다.《소크라테스의 회상memorabilia》이 가장 유명하며, 그 밖에도《소크라테스의 변명》,《향연》,《경영론》과 같은 책이 있다.

크세노폰의 경영론

# 크세노폰의 경영론 해설

키케로는 《노령에 관하여(De Senectute)》에서 크세노폰 저서의 유용성을 칭찬하면서, 특히 Oeconomicus라는 제목이 붙은 저서에서 농업이나 재산 관리에 관해서 얼마나 설득력 있게 논의를 전개하고 있는지 감탄했다. 그런데 필로데모스나 갈레노스는 이 책의 제목을 Oeconomica라고 언급하고 있어서, 분명히 고대의 저자들은 크세노폰이 쓴 이 책의 제목이 《경영인》이 아니라 《경영론》으로 이해되어야 한다고 간주한 듯하다. 키케로가 이 책의 부제를 '재산 경영에 관한 강연'이라고 붙인 점을 고려하면 이러한 사실은 더욱 명확해진다.

크세노폰이 이 책을 언제 썼는지는 불명확하나, 몇몇 언어학적 특징을 고려해 볼 때, 이 책은 《소크라테스의 회상》보다 더 이른 시기에 저술된 것으로 보인다.

이 책의 재미있는 점은 소크라테스가 재산 경영을 논의하고 있다는 점이다. 물론 이 글에 나오는 주장은 대부분이 저자 크세노폰의 자기 생각이다. 이 글을 쓸 당시 이미 소크라테스는 여러 문학

작품의 등장인물로 굳어진 상태였으므로[1], 소크라테스라는 이름을 내걸면서 실제로는 저자 자신의 주장을 표현할 자유는 얼마든지 있었으리라 보인다. 그렇다고 하더라도 실존인물의 사실적인 모습과 너무 다르게 묘사하기는 어려웠을 것이다. 가난으로 유명한 소크라테스를 대지주로 묘사하는 일은 아마 비현실적이었을 것이다. 그래서 크세노폰은 이스코마코스라는 인물을 등장시켰다. 플루타르코스의 기록에 따르면, 이스코마코스는 실존 인물이며 매우 덕망 높은 사람이었다고 한다. 물론 그에 대한 기록은 거의 남아 있지 않다. 여하튼 《경영론》에 등장하는 이스코마코스는, 전쟁에서 돌아와 집에서 평화롭고 행복하게 생활하며, 스킬로스에 있는 농장도 잘 번창시키던 크세노폰 자신의 분신이라고 생각된다.

《경영론》은 마치 다른 대화편의 중간 부분인 듯이, 느닷없이 시작해서 갑자기 끝난다. 이 책의 시작 부분에는 소크라테스의 이름이 언급되지 않으며, 끝 부분에는 에필로그도 없다. 이 대화편 중반부 이후 소크라테스는 이스코마코스와 만나서 주고받은 이야기를, 크리토불로스에게 전해주고 있는데, 이스코마코스의 이야기가 진행되다가 갑자기 대화편이 끝나 버린다. 이 때문에 혹자는 《경영론》이 다른 대화편(가령 《소크라테스의 회상》)의 일부라고 간주하기도 한

---

[1] 이미 안티스테네스, 플라톤을 비롯하여 많은 저자가 소크라테스를 주인공으로 하는 대화편들을 썼다.

다.[2] 어쩌면《경영론》은 완성된 대화편이 아닐 수도 있다.

《경영론》의 주요 내용은 다음과 같다.

I. 소크라테스는 크리토불로스와 재산 경영을 논의한다. 크리토불로스는 재산을 "어떤 사람이 소유하는 좋은 (다시 말해 이득을 가져다주는) 것"이라고 정의하지만, 소크라테스는 아무리 좋은 물건이라도 그것을 쓸 줄 모르는 사람에게는 재화가 될 수 없음을 지적한다. 마찬가지로 어떤 사람이 돈을 사용할 줄 모른다면 그에게는 돈도 재산이 아니다. 그런데 재화의 이용 방법을 잘 알지만, 그것을 제대로 사용하지 못하는 사람들이 존재한다. 그들의 실패는 잘못된 욕망에 기인한다. 욕망은 사람들의 몸과 영혼을 고통스럽게 하며, 재산을 거덜 낸다. 따라서 욕망의 제어가 요구된다.

II. 크리토불로스는 재산 증식의 비결을 소크라테스에게 묻는다. 그러자 소크라테스는 자신이 재산을 소유한 적이 없어서 재산 증식에 대해 가르쳐 줄 수 없다고 대답한다. 하지만 크리토불로스가 자꾸 졸라 대자, 소크라테스는 다른 전문가를 소개해 주겠다고 말한다.

---

2 실제로《소크라테스의 회상》3권도 갑작스럽게 시작했다가 끝난다.

Ⅲ. 같은 직업에 종사하는 사람 중에 성공하는 사람이 있지만, 실패하는 사람도 있다. 소크라테스는 크리토불로스가 이런 사실을 목격했지만 이로부터 아무런 교훈을 얻지 못했음을 지적한다. 그렇다면 실패의 원인은 무엇인가? 소크라테스의 생각에 따르면, 한 가정이 성공하느냐 망하느냐를 결정해 주는 것은 수입과 지출의 관리이며, 그 몫의 상당 부분은 아내가 담당한다. 왜냐하면, 대부분의 지출은 아내의 관리에 의존하기 때문이다. 수입과 지출이 순조롭게 진행되면, 가산이 증식될 것이다. 그런데도 크리토불로스는 어린 아내에게 올바른 가정 관리를 가르치지 않았으며, 아내와 대화를 많이 나누지도 않았다.

Ⅳ. 크리토불로스는 자신에게 필요한 기술이 어떤 것인지 묻는다. 소크라테스는 우선 수공업의 폐해를 지적한다. 즉 가만히 앉아서 자신이 맡은 일만을 담당하는 단순 수공은 사람의 육체를 약하게 할 뿐 아니라, 사회생활에도 장애물로 작용한다. 소크라테스가 보기에, 최선의 직업은 농사이다. 이 때문에 페르시아의 왕도 자기 나라를 외적으로부터 지키는 데 주의를 기울인 동시에, 농토가 잘 경작되도록 보살폈던 것이다.

Ⅴ. 소크라테스는 농사의 소중함에 관해 설명한다. 토지는 먹고살 만한 것들을 일하는 자에게 제공해 주며, 모든 경제 및 문화 활

동의 기초가 된다. 하지만 농사는 저절로 이루어지지 않으며, 오히려 농사일에는 많은 노력과 근면성이 요구된다. 이 때문에 농사는 열심히 일하는 사람들을 운동시켜서 그들을 강인하게 만든다. 더구나 토지는 사람들에게 정의를 가르쳐 주며, 서로 돕도록 가르친다. 왜냐하면, 땅은 자신을 가장 잘 돌보는 사람들에게 가장 후하게 보답하며, 토지를 경작하는 데에는 여러 사람의 도움이 필요하기 때문이다. 결국, 농사술은 다른 모든 기술의 어머니이자 유모이다.

VI. 소크라테스는 여태까지 논의한 내용을 요약한다. 경영은 앎의 한 분야를 가리킨다. 즉 경영술은 사람들이 재산을 증식시킬 수 있게 하는 앎이다. 또한, 재산은 어떤 사람의 소유 전체와 같다. 그리고 소유물이란 사람이 살아가는 데 유용한 것이라고 정의되며, 유용한 것은 어떤 사람이 사용할 줄 아는 것 전체를 지칭한다. 그런데 우리가 모든 앎을 다 소유할 수는 없으므로, 최선의 앎을 선택해서 이를 연마하도록 노력해야 한다. 소크라테스가 보기에, 훌륭하고 좋은 사람에게 가장 적합한 직업이자 최선의 앎은 바로 농사술이다. 하지만 농사를 통해 성공하는 사람도 있지만, 농사로 인해 망하는 자들도 있다. 그래서 소크라테스는 모든 이들이 훌륭하고 좋은 자라고 칭하는 이스코마코스를 만나, 그 비결을 배우고자 했다.

VII. 소크라테스는 자신이 이스코마코스를 만나 나눈 이야기를,

크리토불로스에게 전해 준다. 소크라테스는 제우스 신전에서 잠시 쉬고 있던 이스코마코스를 만나 훌륭하고 좋은 자라고 불리게 된 까닭을 묻는다. 이스코마코스는 웃으며 아마도 아내는 가정일에 충실하고 자신은 바깥일에 전념하기 때문일 것이라고 말한다. 그러면 이스코마코스의 아내는 시집오기 이전에 이미 가정 관리를 교육받았을까, 아니면 시집온 후에 그런 일들을 배웠을까? 이스코마코스는 자기 아내가 시집올 때 15세였기 때문에 처가에서 많은 것을 배우기는 힘들었으며, 가정 관리의 필요성과 방법을 자신이 직접 가르쳤다고 답한다. 이스코마코스는 여왕벌의 예를 들어, 아내의 역할이 얼마나 중요한지 설명한다. 즉 여왕벌은 벌집 안에 머무르면서, 꿀벌들의 일을 관리하고 통제하여 자기 벌집이 성장할 수 있도록 한다. 이와 마찬가지로 아내도 수입과 지출을 잘 관리하고, 집안 노예들의 직무를 잘 돌봄으로써, 재산 증식에 기여할 수 있다. 이렇게 해서 아내는 남편에게는 더 좋은 반려자가 되고 아이들에게는 더 나은 가정의 수호자가 되어, 시간이 흐를수록 식구들의 존경을 더 많이 받게 된다. 왜냐하면, 훌륭하고 좋음은 외모에 의해서가 아니라 덕성 훈련을 통해서 인간의 삶 속에서 증대되는 것이기 때문이다.

VIII. 이스코마코스는 필요한 물건이 어디 있는지 몰라서 안절부절못하는 아내에게, 각각의 물건들을 제 자리에 보관하고 관리하는 것이 요구됨을 역설한다.

IX. 이스코마코스는 아내와 함께 가재도구들을 용도나 사용 기간 등의 기준에 따라 분류한 후, 각각의 물품들을 적절한 위치에 가져다 놓는다. 그러고 나서 아내에게 이 모든 일을 잘 관리하도록 당부한다.

X. 이스코마코스는 어느 날 아내가 화장하고 굽 높은 구두를 신어 외모를 치장하는 광경을 목격하고, 아내에게 인간은 인간의 꾸미지 않은 몸에서 가장 큰 기쁨을 얻는다고 말한다. 즉 화장술은 외간 남자들을 현혹할 수는 있겠으나, 늘 한 지붕 밑에서 생활하는 사람들은 굳이 서로를 속이려고 노력할 필요가 없다는 것이다. 그 이후로 이스코마코스의 아내는 화장하는 일을 중단하고, 그 대신 이스코마코스에게 가정주부로서의 순수한 모습을 보여주고자 애쓴다.

XI. 이제 소크라테스는 이스코마코스가 바깥일을 어떻게 돌보는지 말해 달라고 요구한다. 이스코마코스는 자신이 신들을 돌보는 데에서 출발한다고 대답한다. 다시 말해 그는 신들이 자신의 기도에 응답해서 건강과 체력, 명예, 친구들과의 우정, 부의 정당한 증식을 허락해 주도록 행동하려고 노력한다는 것이다. 하지만 재산이 많으면, 이를 관리하는 일이 점점 어려워지는데, 어째서 그는 돈을 벌려고 노력하는가? 이스코마코스는 자신이 돈 버는 일에 관심을 가지는 까닭은 신들에게 성대히 경의를 표하고, 곤궁에 빠진 친구들을 도우며, 자신의 재산이 감당할 수 있는 한도 내에서 국가에 봉사하는 일에서 기쁨을 느끼기 때문이라고 답한다. 또한, 그는 건강을 유지하고 체력을 단련하기 위한 운동과 전쟁 훈련 그리고 부를 축적하기 위한 노력을 동시에 수행하고자 노력한다.

XII. 소크라테스는 이스코마코스가 농장 관리인을 필요로 하는 경우, 관리 능력이 있는 사람을 찾아내어 그의 능력을 시험한 후 고용하는지, 아니면 이스코마코스가 직접 관리인에게 관리술을 가르치는지 묻는다. 이스코마코스는 자신이 직접 관리인을 교육한다고 대답한다. 그러면 관리인에게 무엇을 가르쳐야 하는가? 이스코마코스가 가장 먼저 가르치는 것은 주인에 대한 충성심이며, 그는 관리인이 맡은 임무에 주의를 기울이도록 한다. 그런데 우리가 어떤 사람을 주의력 있는 관리인으로 만들고자 한다면, 우리 자신이 그의 일을 잘 감독하고 조사하는 능력을 갖추어야 한다. 또한, 목표한 일이 잘 완수될 경우 관리인에게 사례하는 한편, 부주의한 행동을 저지른 자에게는 마땅한 벌을 내리는 데 주저하지 말아야 한다.

XIII. 이스코마코스의 관리인 교육법이 이어진다. 그는 뛰어난 일꾼에게 더욱 나은 보상을 제공하고, 열등한 자에게는 보잘것없는 보상을 준다. 그가 이렇게 노동자들을 차등 대우하는 이유는, 자기 역할을 충실히 수행하지 않은 자들이 훌륭한 일꾼과 동일한 몫을 배당받을 경우, 결국 훌륭한 일꾼의 근로 의욕을 감퇴시킬 것이라고 간주하기 때문이다. 그러므로 이스코마코스는 더 나은 사람들이 별 볼 일 없는 사람들과 동일한 몫을 얻게 되는 것이 바람직하지 않다고 생각하며, 관리인에게도 이러한 업적주의 원칙에 따라 노동자들을 지도할 것을 요구한다.

XIV. 훌륭한 관리인의 마지막 덕목은 정의로움이다. 이스코마코스는 관리인이 자신의 재산을 몰래 빼돌리는 경우 이를 벌하는 동시에, 정의로운 관리인을 이롭게 함으로써, 정의로운 자가 부정직한 자보다 더 많은 이득을 얻을 수 있도록 배려한다. 일꾼들이 이런 사실을 깨닫고 부정의한 일들을 피하게 될 것이기 때문이다.

XV. 소크라테스는 구체적으로 농사를 어떻게 지어야 하는지 묻는다. 이스코마코스는 농사짓는 일이 정말 쉽다고 대답한다. 즉 다른 기술자들은 자신만의 비법을 다른 사람들에게 가르쳐 주지 않지만, 농사를 잘 짓는 농부는 다른 사람들이 그의 모습을 지켜볼 때 가장 즐거워한다. 이처럼 농사는 그것에 종사하는 사람들의 성품을 가장 고결하게 만들어 준다.

XVI. 이스코마코스는 소크라테스가 이미 영농술을 알고 있으며, 자신은 농사와 관련된 여러 사실을 말함으로써 소크라테스의 기억을 상기시켜 줄 것이라고 말한다. 이스코마코스는 씨를 뿌리기 위해서는 먼저 봄에 밭갈이해야 하며, 여름에는 잡초를 뽑아야 한다는 사실을 일깨워준다.

XVII. 이스코마코스는 파종하는 요령과 잡초 제거의 이유를 설명한다.

XVIII. 다음으로 이스코마코스는 곡식을 수확해서 타작하는 방법을 논의한다. 소크라테스는 이런 일들을 자신이 이미 알고 있었으나 망각하고 있었음을 시인한다.

XIX. 이스코마코스는 나무 심는 방법을 논의한다. 소크라테스는 질문도 가르침의 한 방법임을 깨닫는다. 즉 이스코마코스는 소크라테스가 잘 알고 있는 사실들로부터 출발해서, 이와 유사한 것들로 앎을 확장해 나감으로써, 소크라테스가 스스로 모른다고 생각하던 것들을 사실 알고 있음을 증명했다. 하지만 이런 교육 방법이 모든 기술에 적용되는 것은 아니다. 가령 플루트 주자나 화가에 대한 질문을 던짐으로써 플루트 부는 기술이나 그림 그리는 기술을 가르칠 수는 없다. 바로 이 점이 농사술의 가장 큰 덕목이다. 이스코마코스의 생각에 따르면, 농사술은 정말로 친인간적인 기술이기 때문에, 농사에 관해 보거나 들으면 곧바로 농사짓는 방법을 깨닫게 된다.

XX. 소크라테스는 묻는다. 만일 모든 농부가 농사짓는 기술을 알고 있다면, 어째서 농사에 실패하는 자들이 존재하는가? 이스코마코스에 따르면, 농부가 농사에 실패하는 원인은 농사술을 몰랐기 때문이 아니라, 자기 일에 최선을 다해 노력하지 않았기 때문이다. 땅은 속임수를 써서 거짓 모습을 보여주는 일이 없이, 자기 능력을 단지 있는 그대로 보여주며 항상 진실을 말한다. 땅이 자신을 잘 돌보는 사람에게 보답한다는 사실은 삼척동자도 알고 있는 진리이다.

XXI. 이스코마코스는 인간의 모든 사회적 활동—즉 농사나 정치, 경영 및 전쟁술—에 공통적인 것은 다스리는 능력이라고 주장한다. 따라서 지도자에게 요구되는 능력은, 부하들이 자발적으로 복종하기를 원하도록 만드는 것이다. 이러한 지도력은 사려가 깊은 이들에게 신들이 부여한 능력이다.

# 크세노폰의 경영론

**I.** 언젠가 나는 그(소크라테스)가 경영(oikonomia)에 관하여 다음과 같은 대화를 나누는 것을 들었다.

"말해보시오, 크리토불로스여. 의술이나 금속 세공술 혹은 목공술과 마찬가지로, 경영도 지식(episteme)의 한 분야를 가리키는 이름인가요?"

크리토불로스가 대답했다. "저는 그렇다고 생각합니다."

소크라테스
(기원전 4세기경 원본을 로마
시대에 복제한 대리석 조각)

2. "그러면 앞서 말한 기술(techne)들 각각의 기능이 무엇인지 우리가 말할 수 있듯이, 경영의 기능이 무엇인지도 밝힐 수 있나요?"

그러자 크리토불로스가 대답했다. "제가 생각하기에, 훌륭한 경영자(oikonomikos)의 일은 자신의 재산(혹은 가정 : oikos)을 잘 경영하는 일인 듯합니다."

3. 소크라테스가 말했다. "만약 어떤 사

람이 훌륭한 경영자에게 다른 사람의 재산을 위탁한다면, 경영자는—그가 이런 일을 맡고자 할 경우—마치 자신의 재산을 돌보듯이 위탁받은 재산을 잘 경영할 수 있지 않을까요? 왜냐하면, 목공술을 아는 사람은 자기 자신을 위해 하는 것과 동일하게, 다른 사람에게도 목공 일을 해 줄 수 있기 때문이지요. 그러니까 경영자의 경우도 이와 마찬가지겠지요."

"그렇다고 생각합니다, 소크라테스여."

4. 소크라테스가 말했다. "그러면 이런 기술을 알고 있는 사람은 설령 그 스스로 돈을 가지고 있지 않더라도 다른 사람의 재산을 경영하면서 보수를 받을 수 있겠습니까? 마치 다른 사람에게 집을 지어 주고 보수를 받는 것처럼 말입니다."

그러자 크리토불로스가 대답했다. "물론입니다. 만약에 그가 재산을 넘겨받은 후, 필요한 경비를 지출하고 잉여를 창출해서 가산을 불릴 수 있다면, 그는 상당한 보수를 받을 것입니다."

5. "하지만 '재산(oikos)³'이라는 말이 무엇을 뜻한다고 보이나요? 재산이란 집과 동일한 것인가요, 아니면 어떤 사람이 자기 집 바깥에 가지고 있는 모든 소유물도 재산의 일부인가요?"

크리토불로스가 대답했다. "제가 생각하기에, 어떤 소유물이 소

---

3 οἰκός의 본래 의미는 '집'이다. 지금 소크라테스는 이 단어의 정확한 정의를 얻고자 하고 있다.

유주가 사는 도시가 아닌 다른 곳에 있더라도, 그가 가지고 있는 것은 모두 그의 재산의 일부입니다."

6. 소크라테스가 물었다. "적을 가지고 있는 사람들이 있지요?"

크리토불로스가 대답했다. "신에게 맹세코 그러합니다. 많은 적을 가지고 있는 사람들도 있지요."

소크라테스가 다시 물었다. "그러면 적들도 소유물에 포함해야 할까요?"

그러자 크리토불로스가 대답했다. "만약 어떤 자가 적들의 수를 계속 늘려서 그 대가로 보수를 받는다면, 이런 일은 확실히 우습겠지요."

7. 소크라테스가 말했다. "이런 우스꽝스러운 결론이 생기는 이유는—당신도 잘 알듯이—우리가 어떤 사람의 재산이란 그의 소유물과 같은 것으로 생각했기 때문입니다."

크리토불로스가 대답했다. "물론 그렇지요. 즉 재산이란 어떤 사람이 가지고 있는 좋은 것이지요. 신께 맹세컨대, 어떤 사람이 나쁜 것을 소유하고 있다면, 저는 이것을 소유물이라고 부르지 않을 겁니다."

"그러면 당신은 소유물을 '그 소유주를 이롭게 하는 것'으로 사용하는 듯하군요."

크리토불로스가 대답했다. "정말로 그렇습니다. 저는 해로운 일들을 재화(chremata)가 아니라 손실이라고 간주합니다."

8. "옳습니다. 그러면 만약 어떤 사람이 말을 사서, 탈 줄을 모르는데 말에 올라타려다가 계속 떨어져서 상해를 입을 경우, 그 사람에게 말은 재화가 아니겠지요?"

"그렇습니다. 우리는 재화를 좋은 것이라고 했으니까요."

"그렇다면 어떤 사람이 땅을 경작해서 손실을 보는 경우, 그 사람에게 땅은 재화가 아니겠군요?"

"만약 땅이 우리를 먹여 살리기는커녕 굶긴다면, 땅조차 재화가 아닙니다."

9. "그렇다면 양 떼의 경우도 이와 마찬가지이겠지요? 즉 어떤 사람이 양 떼를 다룰 줄 몰라서 손해를 본다면, 이 사람에게 양들은 재화가 아니겠지요?"

"제가 보기에 그렇습니다."

"그러면, 당신 생각은 다음과 같아 보이는군요 : 이득을 가져다주는 것은 재화이고 해를 끼치는 것은 재화가 아니다."

"그렇습니다."

10. "그러니까 (당신 주장에 따르면) 동일한 것들이 그것을 사용할 줄 아는 사람이나 사용할 줄 모르는 사람에 따라 재화이기도 하고 재화가 아니기도 하군요. 가령 플루트는 그것을 능숙하게 불 수 있는 사람에게는 재화이고, 그런 능력이 없는 사람에게는 쓸모없는 돌멩이나 마찬가지라는 말이네요."

"만약 플루트를 팔아 버리지 않는다면 그렇겠지요."

11. "지금 우리는 다음과 같은 생각을 얻게 되었습니다 : 플루트는 그것을 사용할 줄 모르는 사람이 팔아 치웠을 경우에는 그에게 재화가 되지만, 연주할 줄도 모르면서 팔지 않고 소유하고 있는 사람에게는 재화가 아니다."

"그렇습니다, 소크라테스여. 그리고 우리의 논의는 일관(一貫)적으로 진행되고 있습니다. 왜냐하면, 우리는 이득을 가져다주는 것이 재화라고 말했으니까요. 플루트를 매각하지 않는다면 그것은 재화가 아닙니다. 아무런 쓸모가 없으니까요. 반면 그것을 매각하면 재화가 되는 것이지요."

12. 이에 대해 소크라테스가 말했다. "만약에 그가 물건을 파는 요령을 안다면, 당신의 말이 옳을 것입니다. 하지만 그는 자신이 가진 물건을 팔고서 그 대가로 스스로 사용할 줄도 모르는 것들을 얻는 경우에, 당신의 견해에 따르면 이렇게 교환된 물건은 재화가 아니게 됩니다."

"소크라테스여, 당신은 만일 어떤 사람이 돈을 사용할 줄 모른다면 그에게는 돈조차 재화가 아니라고 말하는 듯하군요."

13. "재화란 이득을 산출하는 것이라는 저의 견해에 당신도 동의한다고 보입니다. 여하튼 만약에 어떤 사람이 돈을 주고 어떤 창녀를 구매했는데 그녀 때문에 몸도 더 나빠졌을 뿐 아니라 영혼도 타락하고 재산도 탕진했다면, 어떻게 돈이 그를 이롭게 한다고 말할 수 있겠습니까?"

"이 경우 결코 돈이 그를 이롭게 한다고 볼 수 없습니다. 만약 사리풀이라고 불리는 독초―이것을 먹는 사람은 실성하게 되는―를 재화라고 부르지 않는다면 말입니다."

14. "그러면, 크리토불로스여, 만약 어떤 사람이 돈을 쓰는 방법을 모르는 경우, 돈을 멀찌감치 밀쳐놓아야 할 겁니다. 또한, 그것을 재화라고 할 수도 없습니다. 하지만 친구들의 경우는 어떤가요? 만일 어떤 사람이 친구들을 이용할 줄 알아서 친구들로부터 이득을 얻는다면, 우리는 이 경우 친구들을 무엇이라고 불러야 할까요?"

그러자 크리토불로스가 대답했다. "물론 재화라고 불러야죠. 그리고 만일 친구가 소 떼보다 우리에게 더 큰 이득을 준다면, 친구는 소 떼 이상으로 재화라고 해야 하겠죠."

15. "당신의 주장에 따르면, 적으로부터 이득을 얻을 수 있는 사람에게는 적들도 재화가 되겠네요."

"글쎄요, 그렇다고 생각이 드네요."

"그렇다면 훌륭한 경영자의 임무란 적들을 잘 이용해서 적들로부터 이득을 얻는 일이겠군요."

"단연코 그렇습니다."

그러자 소크라테스가 말했다. "크리토불로스여, 당신은 여러 개인의 재산이 전쟁으로 인해 늘어났다는 사실을 알고 있을 겁니다. 물론 여러 왕의 재산도 전쟁으로 인해 늘어났지요."

16. 크리토불로스가 대답했다. "소크라테스여, 참 잘 말씀하셨습

니다. 하지만 다음 경우는 어떻습니까? 때때로 우리는 어떤 지식과 수단을 가지고 있는 사람들을 봅니다. 이들은 자신의 지식이나 수단을 통해서 일하기만 하면 재산을 불릴 수 있습니다. 하지만 우리는 그들이 이런 일들을 하지 않으려는 것을 발견합니다. 결국, 이런 이유로 이들에게는 지식이 쓸모없게 됩니다. 이런 일에 대해 우리는 어떻게 생각해야 할까요? 이들에게는 지식이나 소유가 재화라고 볼 수 없겠지요?"

17. 소크라테스가 말했다. "크리토불로스여, 당신은 지금 노예들을 논의하려고 하는 건가요?"

그가 대답했다. "그건 결코 아닙니다. 오히려 저는 아주 좋은 가문 출신이라고 생각되는 사람 중 일부를 논의하려고 합니다. 제가 보기에, 이들 중 어떤 사람들은 전쟁술을, 다른 사람들은 평화술을 알고 있으면서도, 이 기술을 사용하려 하지 않습니다. 저는 그 이유가 이들은 자기 주인을 가지고 있지 않기 때문이라고 생각합니다."

18. 소크라테스가 말했다. "만약 이들이 번영하기를 기원하고 자신에게 선을 가져다줄 일들을 행하고자 하여도, 지배자의 방해로 이런 일들을 할 수 없게 된다면, 어떻게 자기 주인이 없다고 할 수 있겠습니까?"

그러자 크리토불로스가 물었다. "그러면 보이지 않으면서 이들을 지배하는 지배자가 누구입니까?"

19. 소크라테스가 대답했다. "신에게 맹세컨대, 지배자는 안 보이

는 것이 아니라, 아주 명백히 드러납니다. 만일 당신이 적어도 게으름과 영혼의 나약함, 태만을 악으로 간주한다면, 이들이 또한 매우 악한 지배자임을 당신도 틀림없이 볼 겁니다. 20. 또한, 스스로 즐거움인 척 기만하는 여주인들도 계시지요. 가령 도박이나 쓸모없는 친교의 경우처럼 말입니다. 하지만 시간이 흐름에 따라, 위와 같은 일들로 기만당했던 사람들도 도박 따위가 사실은 즐거움으로 겉 포장된 고통이며, 이런 것들은 이로운 일들을 얻는 데 장애물로 작용한다는 사실을 알게 됩니다."

21. 크리토불로스가 말했다. "하지만 소크라테스여, 위와 같은 것들에 의해 방해받지 않고 일하는 사람들도 있습니다. 이들은 일하는 데 그리고 수입을 올리는 데 아주 맹렬한 열성을 가지고 있지요. 그런데도 이들은 재산을 탕진하고 어려움에 직면하게 됩니다."

22. 소크라테스가 말했다. "그렇습니다. 그들 또한 아주 까다로운 주인에게 예속된 노예들입니다. 어떤 사람들은 탐욕의 노예이고, 어떤 사람들은 호색의 노예이고, 어떤 사람들은 술의 노예이며, 어리석고 돈만 많이 드는 명예욕의 노예인 자도 있지요. 이런 욕망은 이에 정복된 사람들을 너무도 가혹하게 지배하기 때문에, 사람들이 젊고 일할 능력이 있는 한, 일해서 얻은 것들을 모두 지급하도록 강요하며 욕망을 충족시키는 데 모두 소진하게 합니다. 하지만 사람들이 늙어서 일할 능력이 없다는 것을 욕망이 알게 되자마자, 욕망은 비참하게 늙도록 그들을 내버려두고, 그 대신 다른 사람들(젊은이

들)을 노예로 삼으려고 시도하지요. 23. 크리토불로스여, 그러니까 우리는 자유를 쟁취하기 위해서 이런 욕망과 맞서 싸워야 합니다. 이것은 무기를 가지고 우리를 노예로 만들고자 애쓰는 사람들과 싸워야 하는 것과 마찬가지입니다. 훌륭하고 좋은 적들은 어떤 이들을 노예로 만들 경우에, 그들을 사려 깊고 훨씬 더 나은 사람들로 만들어서, 여생을 더 잘 살게 하지요. 반면 앞서 말한 것과 같은 여주인들(욕망)은 사람들을 지배하는 동안 항상 그들의 몸과 영혼을 고통스럽게 하며, 재산을 거덜 냅니다."

**II.** 그러자 크리토불로스는 다음과 같이 말했다. "저는 그러한 욕망에 관해서 당신한테서 아주 충분히 들은 것 같습니다. 그리고 저 자신을 조사해 보건대, 저는 이런 것들을 꽤 잘 제어하고 있다는 생각이 듭니다. 그래서 만일 제가 어떤 일을 해야 재산을 불릴 수 있을지 당신이 저에게 조언하신다면, 저는 욕망—당신은 이들을 여주인들이라고 부르시지만—에 의해 방해받지 않으리라고 생각합니다. 그러니까 용기를 내서, 당신이 가지고 있는 좋은 생각을 저에게 조언해 주십시오. 아니면, 소크라테스여, 당신은 우리가 이미 충분히 잘 살아서 돈을 더 벌 필요가 없다고 생각하시는 겁니까?"

2. 소크라테스가 대답했다. "당신이 만약 나까지 포함해서 말하는 것이라면, 저는 돈이 더 필요 없으며 충분히 잘 산다고 생각합니다. 하지만 크리토불로스여, 당신은 매우 가난해 보이는군요. 그리고 신에게 맹세컨대, 저는 때때로 당신을 동정합니다."

3. 그러자 크리토불로스가 웃으며 말했다. "맙소사, 소크라테스여, 당신이 소유하고 있는 것들을 판다면 몇 푼이나 벌 것으로 생각하십니까? 그리고 제 소유물들을 팔면 얼마나 될 것 같습니까?"

안티오키아(시리아) 지역의 므나

소크라테스가 대답했다. "제가 생각하기에, 좋은 구매자를 운 좋게 만날 경우, 우리 집을 포함해서 제가 가진 모든 것들을 5므나(mna)[4]면 쉽사리 팔 수 있을 듯합니다. 그리고 당신 소유물을 팔면 적어도 제가 받은 돈의 100배 이상은 받을 수 있다는 사실을 저는 잘 알고 있지요."

4. "그렇게 잘 알고 계시면서도, 당신 자신은 돈을 더 벌 필요가 없다고 생각하시는 건가요? 게다가 저의 가난을 동정하신다고요?"

소크라테스가 대답했다. "그렇습니다. 왜냐하면, 저의 소유물은 제가 필요로 하는 것들을 충분히 제공해 줄 수 있기 때문입니다. 하지만 당신의 평상시 외모와 명성을 유지하는 데는, 당신이 현재 소유하고 있는 것의 세 배를 더 벌어도 충분하지 않으리라고 생각되는군요."

---

4 그리스의 화폐 단위. 1므나는 100드라크마였으며, 1드라크마는 군인들의 하루 일당이었다.

5. 크리토불로스가 물었다. "어떻게 그럴 수 있습니까?"

소크라테스가 대답했다. "첫째, 저는 당신이 여러 대형 제례를 올려야 한다는 사실을 알고 있습니다. 만약 이 일에 소홀할 경우 당신은 신들이나 사람들과 마찰을 빚게 되겠지요. 둘째, 당신은 많은 외국인을 성대히 접대할 의무가 있습니다. 셋째, 당신은 시민들에게 음식을 대접하고 은혜를 베풀어야 합니다. 그렇지 않을 경우 당신은 동지를 잃게 될 것입니다.

6. 더구나 저는 국가가 이미 당신에게 큰 기부금을 부과했음을 봤습니다. 즉 당신은 말 먹일 돈을 기부해야 하고, 연극 공연을 위해 코러스에게 경비를 지급해야 하며, 운동 경기를 후원해야 하고, 의장직을 맡아야 합니다. 또한, 전쟁이 발발하는 경우, 국가는 당신에게 삼단 갤리선 유지비와 전쟁세를 청구할 것입니다. 그 액수가 너무 엄청나서 당신은 감당하기 어려울 겁니다. 당신이 이런 일 중 어느 하나를 소홀히 하면, 마침내 아테나이 사람들이 당신을 벌할 겁니다. 마치 자신들의 물건을 도둑질한 놈을 잡기라도 한 것처럼 말입니다. 7. 이 밖에도, 제가 보기에 당신은 스스로 부자라고 생각하는 것 같군요. 그래서 당신은 돈 관리를 소홀히 하며―마치 이 정도 소비가 당신에게는 별일도 아니라는 듯이―유치한 일들에 정신을 팔고 있습니다. 이런 이유로 저는 당신을 동정합니다. 당신이 참을 수 없는 고통을 겪게 되지나 않을지, 아니면 심한 곤궁에 빠지게 되는 것은 아닌지 걱정입니다. 8. 이제 저에 대해서 말하자면, 만약 제

가 돈이 필요할 경우—저 자신도 알고 당신도 잘 아는 것처럼—저를 도와줄 사람이 얼마든지 있습니다. 그들은 아주 적은 것들을 저에게 제공해 주고도 저의 잔을 넘치도록 채워줄 수 있습니다. 반면 당신의 친구들은 그들 자신의 생활을 위해 필요한 것들을 당신보다 훨씬 더 넉넉하게 가지고 있으면서도, 당신으로부터 도움을 받을 궁리만 하고 있지 않습니까?"

9. 그러자 크리토불로스가 대답했다. "소크라테스여, 저는 이런 것들에 대해서 당신에게 반론을 펼 수 없습니다. 당신이 저를 이끌어 주셔서, 제가 진짜로 동정받을 만한 사람이 되지 않도록 도와주세요."

그러자 소크라테스가 이 말을 듣고서 말했다. "크리토불로스여, 당신은 자신에게 이러한 행동을 하는 것이 이상하다고 생각하지 않습니까? 조금 전에 제가 부자라고 주장했을 때, 당신은 비웃으면서 저를 부(富)가 무엇인지도 알지 못하는 사람으로 취급했습니다. 또한, 당신은 저의 주장을 논파하고 제가 당신 재산의 100분의 1도 가지지 못했음을 스스로 실토하게 만들 때까지 당신의 주장을 포기하지 않았습니다. 그런데 이제 와서 제가 당신을 이끌어서, 당신이 정말로 모든 면에서 가난뱅이가 되지 않도록 돌보아 달라고 부탁하는 건가요?"

10. 그가 대답했다. "저는 당신이 부를 창출해 낼 수 있는 하나의 과정을 이해하고 있다는 사실을 알고 있습니다. 그래서 저는 소득

이 적은 사람도 저축해서 아주 쉽게 큰 부를 창출할 수 있다고 믿습니다."

11. "당신은 우리가 조금 전 논의에서 한 말을 기억하지 못하나요? 당신은 저에게 투덜거릴 권리도 주지 않은 채 다음과 같이 말하지 않았습니까? '말을 다룰 줄 모르는 사람에게는 말이 재화가 아니며, 사용할 줄 모르는 사람에게는 땅이나 양 떼, 금전 그리고 다른 어떤 것도 재화가 아니다.' 그런데 소득은 이런 것들에게서 나오는 것입니다. 그렇다면 당신은 어째서 제가 이런 것 중 어떤 것을 이용할 줄 안다고 생각하나요? 저는 결코 이런 것들을 소유한 적이 없는데도 말입니다."

12. "하지만 우리는 어떤 사람이 돈을 소유하고 있지 않더라도, 경영에 관해 어떤 앎이 존재한다고 생각했습니다. 그러면 당신은 이것을 아는 데 무슨 장애물이 있습니까?"

"물론 만약 어떤 사람 자신이 플루트를 소유한 적도 없고 플루트를 배우도록 다른 사람이 그에게 플루트를 빌려주지도 않아서 플루트 연주 방법을 알 수 없게 하는 장애요인과 동일한 장애물이지요. 13. 저도 경영에 대하여 이와 마찬가지 상황에 직면하고 있습니다. 저 자신이 재화를 소유한 적이 없어서, 저는 그것을 도구로 사용할 기회를 가지지 못하였거든요. 또한 누구도 제가 그의 돈을 관리하도록 맡긴 일이 없습니다. 지금 당신이 저에게 맡기고자 하기 전까지는 말입니다. 연주를 처음 배우는 사람은 뤼라를 고장 내기 쉽습니다. 마찬가지로 제가 당신의 재산을 가지고 경영을 배우려고 한다면, 결국 저는 당신의 재산을 완전히 탕진할 수도 있습니다."

14. 이에 대해 크리토불로스가 말했다. "소크라테스여, 지금 당신은 저의 과중한 의무를 덜어 주는 데 도움을 주지 않으려고 부단히 애쓰고 있군요."

소크라테스가 대답했다. "신에게 맹세코 그건 아닙니다. 오히려 저는 제가 알고 있는 것을 당신에게 아주 열성적으로 설명하고 있는 겁니다. 15. 당신이 불을 얻으려고 저에게 왔는데, 저도 불을 가지고 있지 않아서 당신을 다른 곳으로 안내해서 불을 얻을 수 있게 했다고 합시다. 이 경우에 당신은 저를 비난하지 않겠지요? 혹은 당신이 저에게 물을 달라고 하는데, 저 자신도 물이 없어서 당신을 물을 얻을 수 있는 다른 곳으로 인도한다면, 당신이 이런 일 때문에 저를 비난하지 않을 것을 저는 알고 있습니다. 혹은 당신이 저로부터 음악을 배우고자 하는데, 제가 음악에 관해 저보다 훨씬 능숙한 사람들을 당신에게 소개한다면—그래서 당신이 그들에게 배우고자 할 때 그들이 당신에게 고마움을 느낀다면—당신은 이런 일을 하는 저를 어떤 근거로 비난하겠습니까?"

"소크라테스여, 그 경우에 제가 당신을 비난한다면, 절대 정당하지 않을 것입니다."

16. "크리토불로스여, 그렇다면 지금 당신이 저에게 배우겠다고 우기는 일들과 관련해서 저보다 훨씬 유능한 사람들을 제가 당신에

게 안내해 드리겠습니다. 솔직히 고백하자면, 저는 이 나라 사람 중 누가 각각의 전문 분야에서 가장 정통한 지식을 가졌는지에 대해 관심을 기울여 왔습니다. 17. 왜냐하면, 동일한 직업이 어떤 사람은 가난하게 만들지만 다른 어떤 사람은 아주 부자로 만드는 것을 목격하고 놀라서, 이런 현상이 무엇을 의미하는지 탐구하는 것이 가치 있는 일이라고 생각하였기 때문입니다. 그리고 탐구의 결과, 저는 이런 현상이 매우 당연한 일임을 발견했습니다. 18. 왜냐하면, 일을 함부로 하는 사람들은 손해를 보지만, 전심전력을 다 해 일에 매진하는 사람들은 더 빨리, 더 쉽게 그리고 더 성과 있게 일을 마친다는 사실을 알게 되었기 때문이지요. 제가 생각하기에, 만일 당신이 지금 말한 사람들로부터 배우고자 한다면, 신이 당신에게 반대하지 않는 한, 당신은 정말로 유능한 사업가가 될 것입니다."

**III.** 이 말을 듣고서 크리토불로스가 말했다. "소크라테스여, 당신이 증명하겠다고 여기 있는 친구들 앞에서 맹세한 것들을 저에게 보여주지 않는 한, 저는 지금 당신을 그냥 보내지 않겠습니다."

소크라테스가 대답했다. "이러면 어떻습니까, 크리토불로스여? 제가 다음 사실을 당신에게 증명해 보인다면 말입니다. 즉 어떤 사람들은 쓸모없는 건물을 짓는 데 많은 돈을 소모하는 반면, 다른 사람들은 돈을 훨씬 적게 들이면서도 갖출 것은 다 갖춘 집을 짓는다는 것이지요. 당신은 지금 제가 경영과 연관된 일 중 어느 하나를 보여주고 있다고 생각하십니까?"

크리토불로스가 말했다. "물론 그렇습니다."

2. "그러면 제가 그에 따른 귀결을 당신에게 보여주면 어떻겠습니까? 어떤 사람들은 아주 많고 다양한 종류의 도구들을 소유하고 있으면서도, 필요할 때 이것을 사용할 줄 모르며 그것이 그들 자신에게 안전한지도 알지 못합니다. 이 때문에 그들 자신도 괴로울 뿐 아니라 그들의 노예도 무척 괴로워합니다. 반면 다른 사람들은 더 많은 것이 아니라 더 적은 것들을 소유하고 있음에도 불구하고, 필요한 것을 곧바로 사용할 수 있도록 준비해 놓았지요?"

3. "그렇다면 그런 현상의 이유는 무엇입니까, 소크라테스여? 혹시 첫 번째 종류의 사람들은 자기 물건 각각을 아무 데나 (그 물건이 위치한 곳에) 처박아 두는 데 반해, 두 번째 종류의 사람들은 각각의 물건들을 제 자리에 정돈해 놓기 때문인가요?"

소크라테스가 대답했다. "물론 그렇습니다. 그 물건이 있는 곳에 그냥 두는 것이 아니라, 각각의 물건을 적절한 장소에 잘 정돈시켜 놓았기 때문이지요."

그러자 크리토불로스가 말했다. "이러한 것도 경영의 한 요소라고 말씀하시는 듯하군요."

4. 소크라테스가 대답했다. "그러면 제가 다음 사실을 다시 당신에게 증명해 보이면 어떨까요? 어떤 곳에서는 모든 노예가 말하자면 묶여 있으나 계속 도망가려고 합니다. 반면 다른 곳에서는 노예가 풀려 있지만, 거기에 남아서 자발적으로 일하려고 합니다. 당신

은 제가 이런 현상을 통해 경영의 괄목할 만한 효과를 보여주었다고 생각하지 않나요?"

크리토불로스가 말했다. "신에게 맹세코 그렇습니다. 정말로요."

5. "또한, 유사한 땅에서 농사짓는 사람 중, 어떤 사람은 자신이 농사짓다가 망해서 곤궁에 처했다고 말하지만, 다른 사람은 원하는 것 모두를 농사를 통해서 풍족하게 얻지요?"

크리토불로스가 대답했다. "물론 그렇지요. 그 이유는 아마도 어떤 사람들은 필요한 곳에만 돈을 지출하는 게 아니라 그들 자신과 그들의 재산에 해악을 끼칠 곳에도 돈을 쓰기 때문인 듯합니다."

6. 소크라테스가 말했다. "아마도 그런 사람들도 있겠지요. 하지만 제가 말하고자 하는 사람들은 그런 사람들이 아니라, 필요불가결한 용도에 쓸 돈도 없으면서 자신이 농부라고 주장하는 사람들입니다."

"그들이 그렇게 하는 이유가 뭡니까, 소크라테스여?"

소크라테스가 대답했다. "제가 당신을 그 사람들에게로 인도하지요. 그 사람들을 보고 나면 당신도 깨닫게 될 겁니다."

크리토불로스가 말했다. "물론입니다. 만약 제가 그럴 수 있다면요."

7. "그러면 당신은 관찰한 후, 당신이 이해력이 있는지 아닌지 시험해 봐야 합니다. 지금 저는 희극 공연이 있을 때, 당신이 아침 일찍 일어나서 아주 먼 길을 걸어온 후 저에게 공연을 함께 보러 가자

고 간절히 졸라댄다는 사실을 알고 있습니다. 하지만 당신은 이러한 인생 드라마에 저를 한 번도 초대하지 않았습니다."

"그래서 당신은 저를 웃기는 녀석으로 생각하시는군요. 그렇지 않은가요, 소크라테스여?"

8. 소크라테스가 말했다. "신에게 맹세컨대, 저보다는 당신이 자신을 우스운 사람으로 생각하는 듯합니다. 어떤 사람은 말을 기르다가 생필품 부족에 이르지만, 다른 사람은 말을 길러서 아주 잘살게 되고 이득으로 인해 영광스럽게 된다는 사실을 제가 당신에게 보여주고 있지요?"

"물론 저도 그런 사람들을 목격했고 두 경우 모두를 알고 있습니다. 그런데도 저는 거기서 얻은 것이 없습니다."

9. "문제는 당신이 그들을 비극이나 희극에서 배우를 구경하듯이 쳐다보고 있다는 점입니다. 제가 생각하기에 당신은 이들을 관찰함으로써 작가가 되려는 것이 아니라, 그저 어떤 것을 보거나 듣고서 즐기려 할 뿐입니다. 물론 아마도 그런 일은 옳은 일일 수 있습니다. 당신이 작가가 되려는 것은 아니니까요. 하지만 말 다루는 기술을 사용해야만 하는 경우, 만일 당신이 이런 일-특히 동일한 말이 사용하기에도 좋고 팔기에도 값나갈 수 있도록 하는 것-과 관련해서 문외한이 되지 않도록 신경 쓰지 않는다면, 바보라고 생각되지 않겠습니까?"

10. "저 보고 수망아지를 길들이라는 말씀이십니까, 소크라테스

여?"

"그건 결코 아닙니다. 아이를 사서 농부로 기르라는 말도 아닙니다. 저는 말이든 사람이든, 일정한 나이에 도달하면 곧바로 쓸 만해 지고 점점 발전한다고 생각합니다. 그 증거를 보여줄 수도 있습니다. 가령 어떤 남편들은 결혼한 아내를 잘 다루어서, 재산을 증식하는 데 협력자로 만듭니다. 반면 다른 남편들은 (아내의 행동 때문에) 완전히 집을 망칩니다."

11. "소크라테스여, 그런 경우에 그 책임이 남편에게 있는 건가요, 아니면 아내에게 있는 건가요?"

소크라테스가 대답했다. "양이 아플 때, 우리는 대개 목자의 책임을 묻습니다. 또한, 말의 버릇이 나쁠 때, 우리는 대부분의 경우 기수를 비난합니다. 아내의 경우도, 만약 그녀가 남편으로부터 훌륭히 교육받았음에도 불구하고 악행을 저지른다면, 아마도 마땅히 그녀가 책임을 져야 할 것입니다. 하지만 만일 남편이 훌륭하고 좋은 일을 아내에게 가르치지 않아서, 아내가 이런 것들을 알지 못하게 했다면, 그 경우에는 남편에게 책임을 묻는 것이 마땅하지 않을까요? 12. 여하튼, 크리토불로스여! 여기 있는 사람들은 모두 당신의 친구들이니까, 우리에게 털어놓고 이야기하세요. 당신 부인 이외에 집안 중대사를 맡길 다른 사람이 있나요?"

크리토불로스가 대답했다. "없지요."

"당신이 아내와 대화하는 것보다 더 적게 대화하는 사람이 있나요?"

"없거나 아니면 극소수의 사람이 있지요."

13. "당신은 아내가 단지 어린아이에 불과할 때 결혼했지요? 그래서 그녀는 거의 본 것도 들은 것도 없는 상태였지요?"

"그렇지요."

"그렇다면 그녀가 무엇을 말해야 하고 무엇을 행해야 하는지 알았다면 매우 놀랄만한 일이었겠군요. 오히려 실수하는 것이 당연한 겁니다."

14. "그러면 소크라테스여, 어떤 사람들이 훌륭한 부인을 가진다는 건가요? 그들은 스스로 자기 아내를 교육했나요?"

"조사하는 일처럼 좋은 것은 없습니다. 제가 아스파시아를 당신에게 소개하지요. 그녀는 저보다 더 전문적으로 당신에게 이 모든 것들을 설명해 줄 것입니다. 15. 제가 생각하기에, 가정의 훌륭한 동반자인 아내는 남편이 가정의 안녕을 위해 기여하는 것과 동일하게 가정에 기여합니다. 왜냐하면, 수입은 대부분 남편의 노력을 통하여 가정으로 들어오지만, 대부분의 지출은 아내의 관리에 의존하기 때문입니다. 만약 수입과 지출이 순조롭게 진행되면, 재산이 증식될 것입니다. 반대로 수입과 지출이 제대로 이루어지지 않을 경우, 재산이 줄어들게 됩니다. 16. 만일 당신이 다른 예들을 더 알아야겠다고 생각한다면, 저는 당신에게 다른 지식 각각에 있어서 괄목할 만하게 업적을 이룬 사람들을 당신에게 보여줄 수 있다고 봄니다."

**IV.** 그러자 크리토불로스가 대답했다. "소크라테스여, 물론 당신이 모든 경우를 다 열거할 필요는 없습니다. 왜냐하면, 모든 기술에 다 능숙한 일꾼을 얻는 일은 쉽지 않기 때문입니다. 또한, 모든 기술의 전문가가 되는 일은 불가능합니다. 따라서 지식 중 가장 좋다고 생각되는 것들, 그리고 제가 연마하기에 가장 적합한 것들을 골라서 저에게 보여 주세요. 그리고 그것들을 실행하는 사람들을 저에게 보여 주세요. 당신 자신도 능력이 닿는 한 저를 가르쳐서, 제가 이런 것들을 얻을 수 있도록 도와주세요."

2. 소크라테스가 말했다. "좋은 말씀입니다, 크리토불로스여. 왜냐하면, 단순 수공술이라고 불리는 것은 비난의 대상이 되며, 국가에서 완전히 멸시되기 때문입니다. 그도 그럴 만한 것이, 그런 기술은 노동자나 십장을 그늘 밑에 계속 앉아 있게 함으로써 그들의 신체를 망쳐 놓기 때문입니다. 또한, 그들이 불 옆에서 온종일 지내야 하는 경우도 있습니다. 이처럼 육체가 유약해지면, 영혼도 심히 병들게 됩니다. 3. 한편 소위 단순 수공술은 일꾼들의 친구나 국가를 함께 돌볼 여가를 허락하지 않습니다. 그래서 그런 일을 하는 사람들은 친구를 다루는 데에 형편없고, 국가의 수호자로서도 별 볼일 없는 사람으로 간주됩니다. 사실 어떤 폴리스에서는, 특히 호전적인 국가의 경우, 그 시민들에게 단순 노동을 하는 일이 허용되지 않습니다."

4. "그렇다면 소크라테스여, 제가 어떤 기술을 연마해야 한다고 조언하시는 건가요?"

소크라테스가 대답했다. "우리가 페르시아의 왕을 흉내 내기를 부끄러워해야 하는 걸까요? 왜냐하면, 그가 농사술과 전쟁술을 가장 훌륭하고 필요한 일에 속하는 것으로 간주하여, 이 두 기술을 아주 잘 돌본다고 알려졌기 때문입니다."

5. 크리토불로스가 이 말을 듣고서 말했다. "소크라테스여, 당신은 페르시아의 왕이 농사술에 관심을 기울인다는 이야기를 믿습니까?"

소크라테스가 대답했다. "크리토불로스여, 우리가 다음의 고려 사항을 조사해 보면, 페르시아의 왕이 정말로 농사술에 관심을 기울이는지도 알 수 있습니다. 그가 전쟁술에 큰 관심을 보인다는 점에 우리는 동의합니다. 왜냐하면, 자신에게 조공을 바치는 민족들의 통치자 각각에게 명하여, 특정한 수의 기병들, 궁수들, 투석 전사들과 경보병들에게 식량을 제공했기 때문입니다. 그래서 이들이 페르시아 왕의 백성들을 다스릴 힘을 가지게 되었고, 전쟁이 임박하면 영토를 수호할 수 있게 된 것입니다. 6. 한편 이 밖에도 페르시아의 왕은 성채에 수비대를 유지합니다. 또한, 각 민족의 통치자는 수비대에게 식량을 제공합니다. 그렇게 하도록 명령을 받았으니까요. 그리고 왕은 매년 한 번씩 중무장하도록 명령받은, 용병과 다른 군인들을 순시합니다. 그래서 성채 안에 있는 사람들 이외의 모든 이들을 '집합소'라는 곳에 소집하는 것이지요. 페르시아의 왕은 자신의 거주지 근처에 있는 사람들을 친히 순시한 후, 믿을 만한 사람들을 보내어 멀리 거주하는 사람들을 조사하도록 합니다. 7. 그래서 할당받은 인원을 충실히 다 채우고, 말과 무기를 갖추어 군대를 훌륭하게 무장시킨 통치자들—수비대 대장들이나 연대장들[5] 혹은 총독들 중에 누구라도—에 대해서 페르시아의 왕은 커다란 서훈을 내려주고 큰돈을 하사하여 부유하게 만들어 줍니다. 반면 수비를 소홀히 하거나 사사로이 이익을 챙기는 통치자들을 발견하는 경우에는, 이들을 엄중히 문책하고 권력에서 물러나게 하여 다른 이들을 그 자리에 앉힙니다. 페르시아의 왕이 이러한 행동을 한다는 점을 볼 때, 우리는 그가 의심할 여지 없이 전쟁술에 주의를 기울이고 있다고 판단합니다. 8. 한편 페르시아의 왕은 나라의 여기저기를 두루두루 돌아다니면서 몸소 검사하고, 자신이 직접 검사하지 않는 곳은 믿을 만한 사람들을 보내어 조사하게 합니다. 통치자 중에서, 그 영토에 많은 사람이 함께 살고 있으며 토지가 경작 중이고 나무가 무성하여 각각의 나무에는 열매 맺고 있음을 보여줄 수 있는 자들에게, 페르시아의 왕은 영토를 더 제공하고 선물을 수여하며 영광스런 자리에 봉합니다. 반대로 어떤 통치자 영토의 토지가 경작되지 않고—가혹함이나 교만 혹은 부주의 때문에—인구밀도가 낮

---

5 Chiliarchos : 1000인 대장.

다는 사실을 목격하는 경우, 페르시아의 왕은 이들을 벌하며 관직에서 물러나게 하여 다른 사람들을 그 자리에 대신 앉힙니다. 9. 페르시아의 왕이 이러한 일들을 한다는 사실을 고려할 때, 수비대가 영토를 잘 수호하는 일보다 주민들이 토지를 잘 경작하는 일에 그가 주의를 덜 기울인다고 말할 수 있을까요? 더구나 그는 통치하는 자들에게 역할을 분담하여 각자에게 다른 임무를 부여하고 있습니다. 즉 어떤 이들은 주민들과 노동자들을 다스려서 공납을 거두는 일을 맡고 있고, 다른 이들은 무장한 자들과 수비대를 다스립니다. 10. 만약 수비대장이 영토를 제대로 수호하지 못하면, 주민들을 다스리고 농사를 담당하는 지사가 수비대장을 질책하면서, 영토 방어가 부실해서 농사를 지을 수 없다고 주장합니다. 반대로 수비대장이 농사에 평화를 가져다줌에도 불구하고, 지사가 인구밀도를 끌어올리지 못하고 토지가 경작되지 않도록 내버려두는 경우, 이번에는 수비대장이 지사를 비난하게 됩니다. 11. 왜냐하면, 개략적으로 말해서, 토지를 잘 경작하지 못하는 사람들은 수비대를 먹여 살릴 수도 없고 조세를 공납할 수도 없기 때문입니다. 어떤 곳에 총독이 임명되면, 그는 이 두 가지 문제에 주의를 기울입니다."

12. 이때 크리토불로스가 말했다. "그렇다면 소크라테스여, 만일 페르시아의 왕이 이런 일들을 한다면, 저는 그가 전쟁술에 못지않게 농사술에도 주의를 기울인다고 생각합니다."

13. 소크라테스가 말했다. "게다가 이뿐 아니라 페르시아의 왕은

그가 거주하는 모든 영토와 방문하는 모든 지역에 '낙원(paradeisos)'이라고 불리는 정원이 있도록 신경을 씁니다. 여기에는 토지가 생산할 수 있는 모든 훌륭하고 좋은 것들이 충만하고, 왕 자신도 이곳에서 시간 대부분을 보냅니다. 물론 계절적인 장애 요인이 없을 때 그렇다는 말이지요."

14. 크리토불로스가 말했다. "그렇다면, 소크라테스여, 신에게 맹세컨대, 페르시아의 왕이 시간을 보내는 낙원은 정말로 아름답게 만들도록 주의를 기울였음이 분명합니다. 나무들을 비롯하여 토지가 산출할 수 있는 모든 아름다운 것들을 갖추고서요."

15. 소크라테스가 말했다. "크리토불로스여, 혹자는 말합니다. 왕이 선물을 하사할 경우, 우선 전쟁에서 용맹한 사람들을 초대한다고요. 왜냐하면, 만약 땅을 수호할 만한 사람이 없다면, 아무리 넓은 땅을 경작한다 해도 소용이 없기 때문입니다. 한편 왕은 두 번째 순서로 땅을 최적의 상태로 만들어서 경작하는 사람들을 초대합니다. 그러면서 왕은 농사짓는 사람들이 없다면 강인한 전사들도 살 수 없다고 말합니다. 16. 일전에 명성이 드높았던 왕자 퀴로스는 선물을 받으러 초대된 사람들에게 다음과 같이 말했다고 합니다. '나 자신이 두 분야에서 상을 받아야 마땅하다. 왜냐하면, 나는 땅을 좋은 상태로 가꾸는 데에도 으뜸이지만, 좋게 만든 땅을 지키는 데에도 으뜸이기 때문이다.'"

17. 크리토불로스가 말했다. "소크라테스여, 만일 퀴로스가 그런

말을 했다면, 자신이 전사라는 점 못지않게, 땅을 좋은 상태로 만들고 잘 경작할 수 있다는 점을 장담한 것이군요."

18. 소크라테스가 대답했다. "신에게 맹세코 그렇습니다. 만약 퀴로스가 살아남기만 했다면 그는 최고의 지도자가 되었을 것이라고 보입니다. 그 증거는 여럿이 있지만, 그중 하나를 들자면, 퀴로스가 왕위 계승을 놓고 자기 형제와 전쟁하기 위해서 행군하고 있을 때, 그의 휘하에 있던 부하 중 누구도 그를 배반하고 왕에게 가지 않았다고 전해집니다. 반면 왕의 부하들 가운데 수만 명이 퀴로스에게로 도망쳤습니다. 19. 저는 사람들이 지도자에게 자발적으로 복종하며 위험한 상황 속에서도 도망가지 않고 그와 함께 있고자 한다는 점이 지도자의 덕목을 입증하는 명백한 증거라고 생각합니다. 퀴로스의 동료들은 그가 살아 있을 때는 그와 함께 싸웠으며, 그가 죽자 모두가 그의 시체 주변에서 싸우다가 전사했습니다. 물론 왼쪽 진영에 배치되어 싸웠던 아리아이오스[6]는 예외였지요. 20. 더구나 뤼산드로스가 퀴로스에게 동맹군의 선물을 가지고 왔을 때, 퀴로스는 여러 가지 방식으로 친절을 베풀었다고 말해집니다. 뤼산드로스 자신이 메가라에서 어떤 이방인에게 설명한 바에 따르면 말입니다. 또한, 뤼산드로스는 퀴로스가 몸소 사르디스에 있는 낙원을 안내해 주었다고 덧붙였습니다. 21. 뤼산드로스는 낙원의 모습에 감탄했

---

6 아리아이오스는 퀴로스가 죽은 것을 보자 도망쳤다. 《원정(Anabasis)》 I. ix. 31 참고.

습니다. 거기에 있는 나무들은 어찌나 아름답던지요. 나무는 일정한 간격을 두고 심겨 있었고, 일렬로 곧게 줄지어 서 있었으며, 그 각도가 정확히 맞추어 있었습니다. 또한, 그들이 걸을 때, 주위에서 여러 달콤한 향기가 풍겨 왔습니다. 이에 놀라서 그가 외쳤습니다. '퀴로스여, 저는 이 모든 것들의 아름다움에 경탄할 따름입니다. 하지만 이들 각각을 자로 잰 듯이 정확히 배열해 놓은 당신의 능력이 훨씬 더 인상적입니다.' 22. 이 말을 듣고서 퀴로스는 기뻐서 말했습니다. '뤼산드로스여, 그러니까 제가 이 모든 것들을 측량해서 배열시켰습니다. 그리고 저 자신이 심은 것들도 있습니다.' 23. 그때 뤼산드로스는 퀴로스를 바라보았고, 그의 겉옷의 아름다움과 향기를 느꼈습니다. 또한, 그의 옷깃과 팔찌 그리고 그가 소유한 다른 장신구들의 아름다움을 깨닫고서 물었습니다. '퀴로스여, 그게 무슨 말씀이십니까? 이들 중 어떤 것을 정말로 당신 손으로 직접 심으셨다고요?' 그러자 퀴로스가 대답했습니다. 24. '뤼산드로스여, 그것이 놀라운가요? 미트라스(페르시아의 태양신)께 맹세하건대, 저는 건강이 좋을 때는, 반드시 전쟁술이나 농사술 또는 다른 어떤 일을 땀 흘려 연마한 후에야 늘 식사에 임했습니다.' 25. 뤼산드로스는 이 말을 듣고서 퀴로스에게 경의를 표하며 말했습니다. '퀴로스여, 저는 당신이 진정으로 행복한 자라고 생각합니다. 왜냐하면, 당신은 자신의 훌륭함으로 인해 행복을 얻기 때문입니다.'"

**V.** 소크라테스가 계속 이어 말했다. "크리토불로스여, 저는 당신

에게 이런 말을 합니다. 왜냐하면, 아무리 행복한 사람이라도 농사술을 멀리할 수는 없기 때문입니다. 농사술을 연마함은 재산을 증식시키는 길이고, 육체를 단련시켜 자유인에게 걸맞은 것들을 할 수 있게 하는 일일 뿐 아니라, 일종의 사치이기도 합니다. 2. 왜냐하면, 첫 번째로 땅은 사람들이 먹고살 만한 것들을 일하는 자에게 제공해 주며, 이와 더불어 사람들이 향유할 수 있는 사치를 제공해 주기 때문이지요. 3. 그리고 두 번째로 땅은 제단과 조상(彫像) 그리고 사람들 자신들을 장식해 주는 것들을, 가장 아름다운 향기나 광경과 함께 제공해 줍니다. 세 번째로 토지는 많은 음식을 생산해 내며 이것을 우리에게 먹입니다. 왜냐하면, 방목술은 농사와 밀접한 관련이 있기 때문입니다. 그래서 사람들은 희생물을 제사 지냄으로써 신들을 달래는 한편, 사람들 자신의 이득을 위해서 가축 무리를 이용합니다. 4. 토지는 이루 헤아릴 수 없이 많은 좋은 것들을 제공해 주지만, 우리가 이것들을 쉽게 얻을 수 있도록 허용하지는 않습니다. 오히려 우리에게 겨울의 추위와 여름의 더위에 익숙해지도록 만듭니다. 토지는 자기 손으로 직접 일하는 사람들을 운동시켜서 그들에게 힘을 배가시켜 줍니다. 또한, 토지는 농사일을 감독하는 사람들을 아침 일찍 일어나게 하고 활발하게 움직이도록 강제함으로써 이들을 남자답게 만듭니다. 왜냐하면, 도시에서도 그렇지만 농장에서는 항상 시간에 맞춰서 일하는 것이 중요하기 때문입니다. 5. 어떤 사람이 기병대에 들어가서 나라를 지키고자 할 경우, 농사는 말을 기르는 데 가장 충실한 조력자가 됩니다. 한편 보병일 경우, 농사는 그를 활발하게 만들어 줍니다. 또한, 토지는 사냥에 대한 열정을 일정 부분 고취해 줍니다. 왜냐하면, 토지는 사냥개를 기를 만한 시설을 제공해 주고, 야생동물의 먹이를 함께 생산해 내기 때문입니다. 6. 만약 농사가 말과 사냥개를 이롭게 한다면, 말이나 개 또한 농토에 유익합니다. 왜냐하면, 말은 관리자를 아침 일찍 관리 현장으로 이끌고 가서 저녁 늦게 그곳으로부터 되돌아올 수 있게 하며, 개는 야생짐승들이 농작물이나 가축들에 해를 입히지 못하도록 막아 줄 뿐 아니라 고독한 사람에게 안전을 제공해 주기 때문입니다. 7. 또한, 토지는 툭 터진 공간에 과실들을 맺게 하여 강한 자가 그것을 따가도록 함으로써, 농부들에게 무기를 들고 영토를 수호하도록 촉구합니다. 8. 잘 달리고 잘 던지고 잘 도약하는 사람을 만드는 데, 농사보다 더 좋은 기술이 어디 있겠습니까? 농사 이외에 어떤 기술이 일하는 사람들에게 더욱 관대하게 보상합니까? 농사 말고 어떤 기술이 자신을 추종하는 사람을 더욱 기꺼이 맞이할 것이며, 와서 원하는 것을 모두 다 가져가라고 종용하겠습니까? 어떤 기술이 이방인들을 더욱 풍족하게 영접하겠습니까? 9. 꺼지지 않는 불가에서 따뜻하게 목욕하면서 겨울을 안락하게 보내기에 농가보다 더 좋은 곳이 어디 있겠습니까? 시원한 물가에서 산들바람을 맞으며 그늘 속에서 여름을 즐겁게 보내기에 시골보다 더 좋은 곳이 어디겠습니까? 10. 농사술 이외에 다른 어떤 기술이 갓 수확한 농산물을 신들에게 합당히 바칠 것이며, 그토록 많은 제전들을 치를 수 있겠습니까? 어떤 기술이 노예들에게 더 다정하고, 아내에게 더 즐거우며, 아이들에게 더 기대를 불러일으키고, 친구들에게 더 유쾌하겠습니까? 11. 만일 어떤 자유인이 이보다 더 즐거운 어떤 소유물을 얻거나, 혹은 이보다 더 즐겁고 살아가는 데 더 큰 이득을 제공하는 직업을 발견한다면, 저는 놀랄 것입니다. 12. 더구나 땅은 배울 수 있는 사람들에게 정의를 가르쳐 줍니다. 왜냐하면, 땅은 자신을 가장 잘 돌보는 사람들에게 가장 후하게 보답하기 때문입니다. 13. 만일 농업에 종사하여 살아가고 활발하고 용맹스럽게 교육받은 사람들이 다수의 군대로 인해 자기 농토를 떠나도록 강제된다면, 그들은 심신이 준비된 자들이므로, 신들이 방해하지만 않는다면, 자신들을 방해하는 사람들의 땅에 가서, 먹고 살 만한 것들을 취할 것입니다. 전쟁 중에는 때때로 농기구를 가지고 음식을 구하는 것보다 무기를 들고 음식을 얻는 일이 더 안전한 경우가 있습니다. 14. 한편 농사는 사람들을 서로 돕도록 가르칩니다. 왜냐하면, 적들에 대항해서 원정하려면 같이 갈 사람들이 있어야 하며, 토지를 경작하는 일도 사람들의 도움이 필요하기 때문입니다. 15. 그러므로 농사를 잘 짓고자 하는 사람은 자기 일꾼들이 자발적으로 일하려는 열의를 가지고 명령에 복종하도록 만들어야 합니다. 또한, 적들에게로 군사를 이끌고 가는 사람 또한 이와 동일한 결과를 도모해야 합니다. 그러기 위해서 그가 훌륭한 사람이라면 해야 마땅한 일들을 행하는 자들에게 상을 주고, 버르장머리 없는 자들에게는 벌을 주어야 합니다. 16. 장군이 병사들을 독려하듯이, 농부는 때때로 자기 일꾼들을 독려해야 합니다. 그리고 노예가 주인 곁에 계속 남아서 일하게 하려면, 노예들에게도 자유인 못지않게 밝은 희망을 제공해야 합니다. 어쩌면 노예가 자유인보다 희망을 더 많이 필요로 할 수도 있습니다. 17. 농사술이 다른 모든 기술의 어머니이자 유모라고 주장한 사람이 있는데, 이것은 옳은 말입니다. 왜냐하면, 농사가 번영할 때, 다른 모든 기술도 번영할 것이기 때문입니다. 하지만 땅이 황량하게 버려져 있는 곳에서는, 다른 기술들—육지의 기술이건 해상의 기술이건 간에—도 거의 사라집니다."

18. 이 말을 듣고서 크리토불로스가 말했다. "소크라테스여, 제게는 당신의 이 모든 말씀이 옳다고 생각되는군요. 하지만 농사술의 경우에 대다수 것들이 예측 불가능합니다.[7] 왜냐하면, 어떤 때에는 우박이나 서리가 내리고, 가뭄과 심한 폭우 그리고 식물의 마름병이나 그 밖의 요인으로 인해, 잘 계획되고 실행된 농사가 망하는 일이 종종 벌어지기 때문입니다. 어떤 때에는 잘 길러 놓은 양 떼를 병으로 인해 잃게 되는 경우도 있습니다."

19. 이 말을 듣고서 소크라테스가 대답했다. "크리토불로스여, 신들이 전쟁에 못지않게 농사를 관장한다는 사실을 이제는 당신이

---

7 《소크라테스의 회상》 I. iv. 15, IV. iii. 12 및 《퀴로스의 교육》 I. vi. 46 참고.

깨닫게 되었다는 생각이 드는군요. 전쟁에 종사하는 사람들이 싸움을 개시하기에 앞서 신들의 비위를 맞추는 것을 당신도 알 겁니다. 그들은 제사와 새점을 가지고, 자신들이 해야 하는 일이 무엇인지, 해서는 안 되는 일이 무엇인지 신들에게 문의합니다. 20. 당신은 전쟁에 못지않게 농사를 위해서도 신들을 기쁘게 해야 한다고 생각하지 않으십니까? 물론 당신은 잘 알 겁니다. 제정신 달린 사람들은 과실들—습기를 머금고 있는 과일이건 마른 과일이건 간에—이나 소, 말, 양 떼 그리고 그 밖의 모든 소유물을 위해서 신들을 돌보는 것입니다."

**VI.** 크리토불로스가 말했다. "소크라테스여, 모든 일을 신들의 도움과 함께 착수하라는 당신의 충고는 옳다고 생각됩니다. 왜냐하면, 신들은 전쟁과 관련된 일들 못지않게 평화와 관련된 일들도 관장하기 때문입니다. 따라서 우리는 그렇게 행동하도록 노력할 겁니다. 하지만 이제 당신이 경영에 관해 말하느라고 중단한 논의로 되돌아가렵니다. 그래서 그로부터 뒤따르는 귀결들을 차근차근 따라가 보겠습니다. 당신의 논의를 듣고 난 지금, 저는 무엇을 하면서 먹고 살아야 하는지를 이전보다 잘 식별할 수 있을 것이라는 생각이 듭니다."

2. 그러자 소크라테스가 말했다. "그러면 우선 우리가 동의하게 된 것들을 개괄적으로 요약하는 것이 어떨까요? 그래서, 만일 가능하다면, 나머지 것들에 대해서 빠짐없이 논의할 때 우리가 완전한

합의에 도달하도록 시도해 봅시다."

3. 크리토불로스가 대답했다. "좋습니다. 마치 몇 사람이 돈을 공동으로 소유하면서 계좌를 검토하는 데 의심의 여지 없이 하는 것이 좋은 일인 것과 마찬가지로, 우리가 함께 논의에 참여했을 경우에도 논의를 차근차근 진행해 나가면서 논의 내용과 관련해서 동의하는 것이 좋지요."

4. 소크라테스가 말했다. "그러면 봅시다. 우리는 경영이 앎의 한 분야를 가리키는 이름이라고 생각했습니다. 즉 경영술은 사람들이 재산을 증식시킬 수 있게 하는 앎입니다. 또한, 재산은 어떤 사람의 소유 전체와 같다고 간주하였습니다. 그리고 우리는 소유를 각각의 사람이 살아가는 데 유용한 것이라고 정의했으며, 유용한 것이란 우리가 어떻게 사용해야 하는지 아는 모든 것임이 밝혀졌습니다. 5. 모든 학문을 다 아는 것은 불가능한데, 우리는 소위 수공기술을 거부한다는 데 국가와 뜻을 같이했습니다. 왜냐하면, 이 기술은 육체를 완전히 망쳐 놓으며 정신을 나약하게 만들기 때문입니다. 6. 우리는 그 증거로 다음 사실을 말했습니다. 즉 만일 적들이 침입했을 때 농부들과 기술자들을 따로 앉혀 놓고 영토를 수호하는 것이 옳은지 아니면 농토를 버리고 요새만 지켜야 하는지 물었다고 합시다. 7. 우리는 이 경우 농업에 종사하는 사람들은 땅을 지켜야 한다고 투표할 것이지만, 기술자들은 가만히 앉아서 아무런 고생이나 위험을 겪지 않고 일하도록 교육받았기 때문에 싸우지 말자고 주

장할 것으로 추측했습니다. 8. 그래서 우리는 이런 결론에 도달했습니다. 훌륭하고 좋은 사람에게 가장 적합한 직업이자 최선의 지식은 농사술이라는 것입니다. 사람들은 농사술로부터 생필품을 얻기 때문이죠. 9. 농사라는 직업은 배우기에 가장 쉽고, 일하기에도 가장 즐거우며, 신체를 가장 아름답고 강하게 만들어 주며, 친구들과 국가를 함께 돌볼 여가를 영혼에 가장 많이 제공해 준다고 보입니다. 10. 더구나 농작물은 담장 밖에서 심고 가꾸는 것이므로, 우리는 농사가 일꾼들을 강인하게 만들어 준다고 생각합니다. 이런 이유로 농사라는 생계 수단이 우리 나라에서 가장 존중받게 된 것입니다. 가장 훌륭하고 공동체에 충실한 시민들을 배출해 내니까요."

11. 그러자 크리토불로스가 말했다. "소크라테스여, 농사일로 삶을 영위하는 일이 가장 아름답고 훌륭하며 즐겁다는 사실을 이제 저는 충분히 수긍한 듯합니다. 하지만 당신은 어떤 농사꾼들은 (너무나 성공적이어서) 자신들이 필요로 하는 것을 농사로부터 풍족하게 얻는 반면 다른 농사꾼들은 (너무나 비효율적이어서) 농사가 수지타산이 맞지 않는 이유를 알게 되었다고 말했습니다. 이제 저는 두 현상의 이유를 당신한테서 기꺼이 듣고 싶습니다. 그래서 좋은 일들은 행하지만, 해로운 일들은 피하고자 합니다."

12. 소크라테스가 대답했다. "크리토불로스여, 그러면 어떻겠습니까? 일전에 제가 '훌륭하고 좋은 자'라는 이름과 정말 걸맞다고 여겨지는 사람을 만난 적이 있는데, 그 사람과 나눈 대화 내용을 처

음부터 끝까지 당신에게 설명해 줄까요?"

크리토불로스가 대답했다. "물론 그것을 듣고 싶습니다. 저 자신도 그러한 명칭에 합당한 사람이 되기를 열망하거든요."

13. 그러자 소크라테스가 다시 말했다. "그러면 제가 어떻게 해서그 사람에게 주목하기에 이르렀는지 말해보지요. 왜냐하면, 훌륭한 목수, 훌륭한 대장장이, 훌륭한 화가, 훌륭한 조각가 혹은 그 이외의 다른 전문가들을 두루 둘러보고, 훌륭하다고 생각되는 그들의 작품을 검토하는 데에는 아주 적은 시간이 걸렸기 때문입니다. 14. 하지만 제 마음은 '훌륭하고 좋음(to kalos te k'agatho)'이라는 신성한 명칭을 가질 만한 사람을 만나서 그들 중 어떤 사람과 함께 있고 싶은 열망으로 가득했습니다. 이들이 어떤 일을 했길래 그런 이름으로 불릴 만한지 알고 싶었던 거죠. 15. 그래서 우선 '훌륭함'이라는 말이 '좋음'과 결합하여 있으므로, 저는 훌륭한[8] 사람을 보기만 하면 그에게 다가가서, 훌륭함에 좋음이 결합함을 발견할 수있는지 알아내고자 시도했습니다. 16. 하지만 사실은 그렇지 않았습니다. 어떤 이들은 외모는 아름다우나 (또는 훌륭하지만) 영혼이 추하다는 사실을 발견할 수 있었습니다. 그래서 저는 외모의 아름다움 (또는 훌륭함)은 제쳐 두고, '훌륭하고 좋은 자'라고 지칭될 수 있는

---

8 kalos는 "아름답다"는 뜻으로도 쓰인다. 따라서 외모가 아름다운 사람을 의미할 수도 있다.

사람들을 찾아 나서야겠다고 결심했습니다. 17. 그리하여 저는 남성이건 여성이건, 내국인이건 외국인이건 간에 이스코마코스를 훌륭하고 좋은 자라고 부른다는 말을 듣고서, 그 사람을 만나 보아야겠다고 생각했습니다."

**VII.** 소크라테스가 계속 말했다.

"어느 날 저는 그가 제우스 엘레우테리오스 신전의 주랑에 앉아 있는 것을 목격했습니다. 거기서 그가 쉬고 있다는 생각이 들어서, 저는 그에게로 다가가서 그의 곁에 앉았습니다. 그리고 말했습니다.

'이스코마코스여, 어떻게 된 일인가요? 당신은 아무 일도 하지 않고 앉아서 쉬는 데 익숙하지 않을 텐데요. 대체로 아고라에 있는 당신을 제가 볼 때, 무슨 일이든지 하거나 아니면 적어도 완전히 빈둥거리지는 않았습니다.'

2. 그러자 이스코마코스가 대답했습니다. '옳습니다, 소크라테스여. 만일 제가 몇몇 외국인들과 여기서 만날 약속을 하지 않았다면, 당신은 지금 여기서 저를 발견하지 못했을 겁니다.'

제가 다시 말했습니다. '당신이 그런 일을 하지 않을 경우, 도대체 당신은 어디에서 시간을 보내며 무슨 일을 하나요? 왜냐하면, 저는 당신이 무슨 일을 했길래 훌륭하고 좋은 자라고 불리는지 정말로 알고 싶거든요. 당신은 실내에서 소일하는 경우가 없고, 당신의 신체적 특징이 그 점을 더욱 분명히 드러내 주고 있지 않습니까?'

3. 그러자 이스코마코스가 웃었습니다. 그는 무슨 일을 했길래

훌륭하고 좋은 자라는 이름을 얻었느냐는 저의 질문에 기뻐하는 듯했습니다. 그리고 그는 말했습니다. '어떤 사람들이 저에 관해서 이야기할 때 저를 그런 이름으로 불렀는지는 모르겠습니다. 하지만 사람들이 3단 갤리선 유지비나 코러스 후원금 등 공공 세금을 회피하기 위해서 재산 교환을 요청하는 경우에는 아무도 저를 훌륭하고 좋은 자라고 부르지 않고, 대신 이스코마코스—아버지로부터 물려받은 이름—라고 부릅니다. 그리고 소크라테스여, 당신이 물으시니까 대답하는데, 저는 실내에서 시간을 보내지 않습니다. 왜냐하면, 가정 내의 일들은 제 아내 자신이 돌보기에 충분하기 때문입니다.'

4. 제가 다시 말했습니다. '이스코마코스여, 제가 당신한테서 기꺼이 듣고자 하는 것은 다음과 같습니다. 당신 스스로가 아내에게

3단 갤리선 모형

마땅히 해야 할 바를 가르쳤나요, 아니면 당신이 장인, 장모님으로부터 아내를 데려올 때 이미 그녀가 자신이 해야 할 집안일들을 알고 있었나요?'

5. 이스코마코스가 대답했습니다. '소크라테스여, 제가 아내를 데려올 때 그녀가 무엇을 알고 있었겠습니까? 그녀가 우리 집으로 시집올 때 겨우 열다섯 살이었고, 그 이전에는 부모의 극진한 보호 아래 살았기 때문에 거의 본 것도 없고 들은 것도 없었으며 말도 거의 하지 않았거든요. 6. 그녀가 우리 집에 처음 왔을 때, 양털을 받아 들고서 외투를 짤 줄 알고 하녀들에

실을 잣고 있는 여인
(기원전 480~470년경)

게 실 잣는 일을 어떻게 맡기는지만 안다면, 그것으로 요구 조건은 만족했다고 생각하지 않으시나요? 왜냐하면, 소크라테스여, 식욕과 관련해서 그녀는 정말로 잘 교육받고 시집왔는데, 제가 생각하기에 이런 교육은 남자나 여자 모두에게 가장 중요한 것이거든요.'

7. 제가 다시 말했지요. '그러면, 이스코마코스여, 나머지 것들은 모두 당신이 몸소 교육했나요? 그래서 그녀가 돌보아야 합당한 일들에 능숙하게 되었나요?'

이스코마코스가 대답했습니다. '신에게 맹세코 그렇지 않습니

다, 소크라테스여. 제가 아내를 잘 가르치고 그녀는 우리 둘 모두에게 가장 좋은 일들을 배울 수 있게 해 달라고 제사 지내고 기원하기 전까지는 말입니다.'

8. 제가 다시 물었습니다. '그러면 당신 아내도 제사에 함께 참여해서 같은 내용을 기원했습니까?'

그러자 이스코마코스가 대답했습니다. '물론입니다. 그녀는 자신이 해야 마땅한 일들을 잘 수행하겠다고 신들 앞에서 맹세했지요. 그리고 그녀가 배운 것들을 소홀히 하지 않으리라는 것이 명백했습니다.'

9. 제가 말했습니다. '이스코마코스여, 당신이 제일 처음에 그녀에게 가르친 것이 무엇인가요? 저에게 말해 주세요. 왜냐하면, 당신이 아주 훌륭한 육상 경기나 경마 경기에 대해 말해주는 것보다는, 아내에게 무엇을 가르쳤는지 말하는 것을 듣는 편이 더 즐겁기 때문입니다.'

10. 그러자 이스코마코스가 대답했습니다. '저는 제 아내가 온순하고, 함께 대화를 나눌 정도로 충분히 교육된 것을 알고서, 그녀에게 다음과 같이 물었습니다.

〈여보, 말해 보시오. 무엇 때문에 내가 당신을 데려왔고 당신 부모님은 나에게 결혼을 허락했는지 당신은 깨달았소? 11. 내가 이렇게 묻는 이유는 우리가 동침할 다른 상대를 찾는 일은 어렵지 않았으리라는 사실을 당신도 잘 알 것이라고 믿기 때문이오. 하지만 나는 나 자신을 위해서, 그리고 당신 부모님은 당신을 위해서, 누구를 가정과 자녀의 동반자로 삼아야 가장 좋은지 고려한 것이요. 그래서 나는 당신을 선택한 것이고, 당신의 부모님들도 나를 당신들이 발견할 수 있는 사람 중 최선의 사위로 고른 것으로 생각하오. 12. 그러니까 이제 만일 신이 우리에게 자녀의 출생을 허락한다면, 우리는 어떻게 자녀를 가장 잘 양육할 수 있는지 숙고해야 하오. 왜냐하면, 우리가 공유할 수 있는 축복은 최선의 동지인 동시에 우리가 늙었을 때 부양해 줄 자식을 얻는 일이기 때문이오. 그런데 현재 우리는 이 집을 공유하고 있소. 13. 왜냐하면, 나는 내가 가진 모든 것을 공동 소유로 해 놓았고, 당신도 시집올 때 가져온 모든 것을 공동 소유로 했기 때문이오. 또한, 우리는 둘 중 누가 더 금전적으로 많은 공헌을 했는지 계산해서는 안 되오. 오히려 우리는 둘 중 더 훌륭한 배우자가 더 가치 있는 공헌을 했다는 점을 잘 알아야 하오.〉

14. 소크라테스여, 이러한 제 말에 아내는 다음과 같이 대답했습니다. 〈제가 어떻게 당신을 도울 수 있을까요? 제가 어떤 힘을 가지고 있나요? 모든 일은 당신에게 달려 있어요. 어머니가 말했죠. 저의 의무는 사려 깊음(sophronein)이라고요.〉

15. 그래서 제가 대답했지요. 〈아내여, 당신 말이 옳소. 우리 아버지도 나에게 그렇게 말씀하셨소. 하지만 남자의 경우든 여자의 경우든 관계없이, 사려 깊음이란 소유하고 있는 재산을 가능한 한 최적의 상태로 유지하도록 행동하는 것이며, 선하고 정의로운 방법을

통해서 재산이 최대한 더 불어나도록 하는 것이오.〉

16. 그러자 아내가 물었습니다. 〈그러면 당신은 재산을 증식하기 위해 제가 어떻게 도와야 할지 알고 계시나요?〉

그래서 제가 대답했지요. 〈물론 그렇소. 당신은 당신 자신이 할 수 있도록 신들이 만들어 주고 법률이 허용한 것들을 가능한 한 잘 행하도록 노력해야 하오.〉

17. 그러자 그녀가 다시 물었습니다. 〈그게 어떤 일인가요?〉

제가 대답했습니다. 〈내가 생각하기에 당신의 의무는 결코 무가치한 일이 아니오. 만약에 벌집에서 여왕벌이 무가치한 역할을 하는 것이 아니라면 말이오. 18. 왜냐하면, 여보, 내가 생각하기에, 신들은 아주 신중하게 부부—암수라고 불리는—를 결합한 듯하기 때문이오. 즉 부부가 서로 도와 완벽한 동반 관계를 이루도록 한 것이오. 19. 왜냐하면, 첫 번째로, 생물의 다양한 종이 부족해지지 않도록 부부가 함께 자식을 낳는 것이고, 두 번째로, 적어도 사람의 경우에는, 자식이 늙은 부모를 부양하는 일이 부부 결합으로 인해 가능하게 되며, 세 번째로 인간은 짐승들처럼 야외에서 생활하지 않고, 분명히 쉴 거처가 필요하기 때문이오. 20. 그런데 지붕 덮인 집으로 가져올 만한 것을 얻고자 하는 사람들은 야외에서 일할 일꾼이 필요하기 마련이오. 왜냐하면, 쟁기질이나 파종, 나무 심기, 방목은 모두 야외에서 하는 일이기 때문이지요. 우리는 이런 일들에서 일 용할 양식을 얻는 것이오. 21. 한편 곡식이 집 안에 쌓이면, 이를 잘 지키고 집에서 필요한 일들을 할 사람이 필요하게 되지요. 지붕 덮인 거처는 갓 태어난 아기를 기르는 데에도 필요하고, 곡식을 빵으로 만드는 데에도 필요하고, 이와 마찬가지로 양털에서 옷을 만드는 데도 필요하오. 22. 이처럼 실내에서 하는 일이나 실외에서 하는 일 모두가 노고와 주의를 필요로 하므로, 내가 생각하기에, 처음부터 신은 여성의 본성을 실내에서 하는 업무와 책임에 알맞게 마련해 놓은 한편, 남자의 본성은 바깥일에 알맞게 해 놓은 것이오. 23. 왜냐하면, 신은 남자의 몸과 마음이 추위와 더위, 여행과 구보를 잘 이겨낼 수 있게 만들었기 때문이죠. 그래서 남자에게는 밖에서 일하도록 명령한 거요. 반면 여자의 몸은 앞서와 같은 것들에 대해서 덜 강하게 만들었기 때문에, 신은 여성에게 집안일을 하도록 명령했다고 생각되오. 24. 또한, 신은 자신이 여성에게 신생아의 양육이 가능하도록 명령했음을 알기에, 남성보다 여성에게 갓 태어난 아기에 대한 사랑을 더욱 많이 할당해 주었소. 25. 한편 신은, 지키는 일에는 두려워하는 마음이 방해되지 않음을 알고서, 집으로 들어온 것들을 지키는 일도 여성에게 명령했으므로, 남성보다 여성에게 공포심을 더 많이 할당했소. 또한, 신은 바깥일을 돌보는 사람이 어떤 자로부터 불의를 당했을 때 이를 방어해야 할 것을 알았기에, 그에게 많은 양의 용기를 할당해 준 것이오. 26. 하지만 남성과 여성은 서로 주기도 하고 받기도 해야 하므로, 신은 남녀 모두에게 공평하게 기억력과 주의력을 나누어 주었소. 따라서 당신은 이런 능력을 남성이 더 많이 가지는지 아니면 여성이 더 많이 가지는지 분간할 수 없을 것이오. 27. 또한, 신은 적절히 절제할 수 있는 능력을 남녀 모두에게 공평하게 심어 주었으며, 남자이건 여자이건 상관없이, 더 나은 자에게 권위를 수여했소. 이로써 선을 더 많이 가져오게 한 것이오. 28. 그리고 본성상 남녀는 모든 일에 대해서 똑같이 좋은 소질을 타고나지 않았으므로, 이 때문에 서로를 필요로 하게 되었소. 한 사람이 부족한 점을 다른 사람이 능숙하게 보완하므로, 부부 결합은 각자에게 더 이득이 되는 거라오. 29. 아내여, 이제 우리는 신이 우리 부부 각자에게 어떤 의무를 부과했는지 깨달았으므로, 우리 각자는 합당한 일들을 가능한 한 잘 수행하도록 노력해야 하오. 30. 더구나 법률 또한 남녀를 부부로 결합하면서 이러한 의무를 정당화하고 있소. 즉 신이 부부를 아이들을 위한 동반자로 만들었듯이, 법률은 부부를 가정의 동반자로 규정해 놓았소. 그런데 법률은 부부의 책무가 두 배우자 모두에게 좋은 일임을 보여주고 있지만, 신은 한 배우자가 다른 배우자보다 본성적으로 더 뛰어나도록 만들었소. 그래서 부인에게는 밖에 나가서 활동하는 것보다 집 안에 머무는 것이 더 좋지만, 남편에게는 바깥일을 돌보지 않고 집에 머무는 일은 수치스럽게 된 것이오. 31. 만일 어떤 사람이 신들로부터 부여된 본성에 반해서 행동한다면, 아마도 신들이 그의 무례함을 간과할 리 없을 것이고, 결국 그는 자기 일을 소홀히 하거나 혹은 아녀자의 일을 한 것에 대해 벌을 받게 될 것이오. 32. 내가 생각하기에,

여왕벌은 신이 지정한 아녀자의 일들을 하느라 애쓰는 것 같소.〉

그러자 아내가 물었습니다. 〈여왕벌이 어떤 일을 하길래 제가 해야 하는 일과 비슷하다는 건가요?〉

33. 제가 대답했지요. 〈여왕벌은 벌집 안에 머무르면서, 꿀벌들이 빈둥대고 노는 것을 허용하지 않소. 하지만 여왕벌은 밖에서 일해야 하는 꿀벌들은 밖에 나가서 일하라고 내보내며, 각각의 꿀벌들이 가져오는 것들이 무엇인지 알고 받아 두었다가, 그것이 사용될 때까지 보관해 놓소. 그리고 보관해 둔 식량을 사용할 때가 오면, 여왕벌은 벌들 각자에게 적당량을 나누어 주지요. 34. 또한, 여왕벌은 벌집 내부에 여러 방을 엮어서 만드는 일을 지휘해서 방들이 신속하고 잘 엮이게 하고, 태어나는 자식들에도 주의를 기울여서 잘 자라나도록 하는 것이오. 그래서 어린 자식들이 잘 자라나 일할 수 있게 되면, 여왕벌은 후손들을 이끌 지도자와 함께 이들을 보내어 새로운 군락을 형성하게 하는 것이오.〉

35. 그러자 아내가 물었습니다. 〈그러면 저도 이런 일들을 해야 하나요?〉

제가 대답했습니다. 〈물론 그렇소. 당신은 집 안에 머물면서, 집안 노예 중 바깥일을 맡은 자들을 일하러 보내야 하고, 36. 집 안에서 일해야 하는 노예들은 당신이 직접 관리해서, 집으로 들어오는 수입을 받아들여야 하며, 수입 중 지출해야 할 것을 분배해야 하고, 보관해 놓아야 할 것도 잘 헤아려야 하오. 또한, 한 해 동안 지출해야 할 만큼을 한 달 동안 써 버리지 않도록 주의해야 하오. 그리고 양털이 당신 수중에 들어왔을 때, 당신은 필요한 사람에게 외투가 만들어지도록 주의를 기울여야 하며, 마른 곡식이 먹을 만한 상태를 잘 유지하도록 주의해야 할 것이오. 37. 하지만 마땅히 당신이 돌보아야 할 의무 중 한 가지는 아마도 유쾌하지 않다고 생각될지 모르오. 그것은 모든 노예 중 아픈 자가 있을 때, 당신은 그가 치료받도록 주의를 기울여야 한다는 것이오.〉

그러자 아내가 대답했습니다. 〈신에게 맹세컨대, 그것은 오히려 유쾌한 일입니다. 잘 치료받은 자들이 감사함을 느껴서 전보다 더 충성스러워진다면 말이지요.〉

38. 저는 그녀의 대답을 듣고 기뻐서 말했습니다. 〈여왕벌이 벌집을 버릴 때, 꿀벌 중 어느 누구도 남을 생각하지 않고 모두가 여왕벌을 따르는데, 꿀벌들이 여왕벌들에 대해 이처럼 대하는 까닭은 벌집 안의 지도자(여왕벌)의 선견지명 때문이 아니겠소?〉

39. 그러자 아내가 제 말에 답했습니다. 〈만일 지도자의 행동이 저에 못지않게 당신에게도 해당하지 않는다면 놀라운 일이겠지요. 왜냐하면, 만약 당신이 밖에서 벌어오는 일에 무심할 경우—제가 생각하기에는—제가 집안일을 잘 돌보고 경영한다는 것이 우스운 일이 될 테니까요.〉

40. 제가 다시 말했습니다. 〈마찬가지로, 벌어온 수입을 지킬 사람이 없다면, 내가 돈을 번다는 것도 우스운 일일 것이오. 당신은

속담에서 말하듯 밑 빠진 독에 물 붓는 사람들이 얼마나 불쌍한지 모르겠소? 이들은 쓸데없이 고생만 한다고 생각되기 때문이오.〉

아내가 말했습니다. 〈신에게 맹세컨대, 저도 그 사실을 알아요. 왜냐하면, 그와 같은 일을 하는 사람들은 정말 가련한 사람들이기 때문이지요.〉

41. 제가 말했습니다. 〈아내여, 당신이 개인적으로 돌보아야 할 일들이 더 있소. 이 일들은 하기에 즐거울 것이오. 즉 당신은 양털실을 잣는 기술을 모르는 하녀를 받아들여 그녀에게 실 잣는 기술을 가르침으로써 하녀의 가치를 두 배로 배가시키는 것이며, 경영이나 손님 접대를 할 줄 모르는 하녀를 데리고 와서 그녀를 믿을 만하고 봉사할 줄 아는 유능한 하녀로 만들어서 그 무엇과도 견줄 수 있는 가치를 가지게 하는 것이오. 또한, 당신은 식구들 가운데 사려 깊고 유용한 자들을 우대하는 반면, 악한 자가 있다면 벌할 수 있는 능력을 갖추는 것이오. 42. 하지만 모든 일 중 가장 기쁜 일은, 나를 시종으로 삼아 당신이 나보다 뛰어남을 보여주는 일이오. 그래서 당신은 점점 나이가 먹으면서 집에서 덜 존경받게 되지나 않을까 두려워할 필요가 없이, 나이가 들면 들수록 나에게는 더 좋은 반려자가 되고 아이들에게는 더 나은 가정의 수호자가 되어, 그만큼 식구들의 존경을 더 많이 받게 되리라 믿게 될 것이오. 43. 왜냐하면, 훌륭하고 좋은 것들은 외모에 의해서가 아니라 덕성 훈련을 통해서 인간의 삶 속에서 증대하는 것이기 때문이오.〉

**VIII.** 이때 저는 이스코마코스에게 물었습니다. '이스코마코스여, 당신은 이런 대화 내용이 그녀에게 근면 성실한 삶에 대한 자극제로 작용했음을 발견했나요?'

그러자 이스코마코스가 대답했지요. '신에게 맹세코 그렇습니다. 언젠가 제가 창고로부터 어떤 것을 달라고 요구했을 때 그녀가 그것을 저에게 줄 수 없어서 언짢아하고 얼굴이 빨갛게 상기되었던 일을 저는 기억합니다. 2. 저는 그녀가 속상해하는 모습을 보고 말했습니다.

〈여보, 내가 당신에게 요구하는 것을 당신이 줄 수 없다고 해서 너무 낙담하지 마오. 어떤 것이 필요한데 사용할 수 없다는 것은 분명히 가난이오. 하지만 어떤 것을 원하는데 그것을 얻을 수 없는 것은, 아예 어떤 것이 없다는 사실을 알기 때문에 애초부터 그것을 원하지 않는 것보다, 덜 고통스러운 결핍이오. 오늘의 일에 대한 책임은 당신에게 있는 것이 아니라 나에게 있소. 왜냐하면, 내가 물건들을 당신에게 넘겨줄 때, 그것들을 어디에 두어야 하고 어디에서 가져와야 하는지 당신이 알 수 있도록, 각각의 것들을 어디에 두어야 하는지 지시하지 않았기 때문이오. 3. 그러니까, 여보, 인간에게 질서처럼 그렇게 유용하고 좋은 것은 없소. 가령 합창단은 사람들에 의해 구성된 집합체이지만, 만일 각각의 구성원이 자기 좋은 대로 한다면 혼란이 생겨날 것이고 그것을 바라보는 일이 즐거울 리 없소. 반면 합창단이 질서 있게 행동하고 노래할 경우, 이들은 동일한 사람들이지만 앞서와는 달리 볼 만하고 들을 만하게 여겨질 것이오. 4. 또한, 아내여, 무질서한 군대는 혼란스런 군중일 따름이며 적들에게 쉽게 정복되는 한편, 친구들에게는 보기에 역겨울 뿐 아니라 전혀 쓸모가 없소. 당나귀와 중갑보병, 짐꾼, 경보병, 기병, 전차가 한데 엉켜 있는 광경을 생각해 보시오. 이런 상태로 어떻게 행군할 수 있겠소? 서로서로 방해할 것인데 말이오. 즉 걷는 자는 뛰는 자를 방해할 것이고, 뛰는 자는 정지한 자를, 전차는 기병을, 당나귀는 전차를, 짐꾼은 중갑보병을 방해할 것이오. 5. 전쟁을 치러야 하는 경우, 이런 상태로 어떻게 싸울 수 있겠소? 적들로부터 공격받아서 반드시 도망가야 하는 부대가 도망치다가 중무장한 아군을 밟고 지나가게 되기 충분하오. 6. 반면 질서정연한 군대는 친구들에게 바라보기 좋은 광경일 뿐 아니라, 적들에게는 정복하기 힘든 상대요. 많은 중갑보병들이 질서 있게 행군하는 광경을 바라보면서 어떤 친구가 기뻐하지 않겠소? 열 지어 행진하는 기마병들을 바라보고서 그 누가 경탄하지 않겠소? 부대별로 잘 구분되어 각각의 지휘자를 절도 있게 따라가는 중갑보병, 기병, 경보병, 궁수, 투석전사들을 바라볼 때, 어떤 적군이 두려워하지 않겠소? 7. 병사들이 질서

스파르타의 중갑보병

팔랑크스 대오로 행진하는 중갑보병

있게 행군할 때에는, 비록 그 수가 몇 만이 넘더라도, 모두가 마치 한 사람처럼 자유자재로 움직이는 것이오. 왜냐하면, 뒤 열에 서 있는 사람들이 항상 빈자리를 메꾸며 행군하기 때문이오. 8. 한편 사람들을 가득 채운 삼단 갤리선은, 그것이 빠른 속도로 항해하기 때문이 아니라면, 다른 어떤 이유로 적들에게는 두려움의 대상이 되고, 친구들에게는 멋진 광경이 되겠소? 배에 승선한 사람들이 서로 장애물이 되지 않는 이유는, 그들이 질서 있게 앉아서 절도 있게 노를 앞뒤로 저으며 질서 정연하게 승선하고 하선하기 때문이 아니겠소? 9. 한편 무질서함이란 가령 농부가 한 곳에 보리와 밀, 콩을 섞어 놓아둔 것과 마찬가지라고 생각되오. 나중에 그 농부가 콩 케이크나 빵 혹은 푸딩이 필요할 때, 그는 서로 구별되어 보관된 곡식들을 꺼내어 사용하는 것이 아니라 자신이 직접 골라내야 하오. 10. 그러므로 아내여, 만일 당신이 이런 혼란을 바라지 않는다면, 그래서 우리가 소유하고 있는 것들을 잘 관리할 방법을 알게 되어 우리의 소유물 중 필요한 것을 쉽게 발견해서 사용하며 내가 어떤 것을 요구할 때 그것을 나에게 줌으로써 나를 기쁘게 하려면, 각각의 물건을 알맞은 장소에 두도록 합시다. 그래서 각각의 물건을 자기 고유의 장소에 둔 후, 하인들로 하여금 거기에서 물건들을 가져오게 하고, (사용한 후) 다시 그곳에 갖다 두도록 가르칩시다. 이렇게 함으로써 우리는 어떤 것들이 안전하게 보관되어 있고 어떤 것들이 그렇지 못한지 알게 될 거요. 왜냐하면, 보관 장소 자체가 거기에 없는 물품을 요구할 것이고, 우리의 시선은 우리가 돌보아야 할 것이 무엇인지 드러내 줄 것이며, 물품이 어디에 있는지 아는 지식은 그 물건을 빠르게 입수하도록 해 주어, 우리가 어려움이 없이 그것을 사용하게 하기 때문이오.〉

11. 이스코마코스가 계속 이어 말했습니다. '소크라테스여, 일전에 저는 거대한 페니키아 선박을 둘러보고, 이보다 더 훌륭하고 정확하게 연장들을 정돈해 놓은 것을 본 적이 결

팔랑크스의 전투장면 (기원전 560년경)

코 없다고 생각했습니다. 왜냐하면, 그렇게도 많은 연장을 정말로 작은 그릇 안에 차곡차곡 담아 두었기 때문이지요. 12. 배가 항구에 정박하거나 항해를 시작할 때에는 실로 많은 나무 연장들과 밧줄로 동여맨 도구들이 필요하지요. 또한, 배가 항해할 때에는 삭구라고 불리는 도구들이 많이 필요하며, 적선에 대비해 무장하는 데에 많은 기구가 사용되지요. 또한, 선박은 승무원들을 위해 많은 무기를 함께 싣고 항해하며, 사람들이 집에서 사용하는 식사 도구를 승무원들 각자에게 제공합니다. 더구나 선박은 선장이 이익을 얻기 위해서 가지고 다니는 수하물로 가득하지요. 13. 제가 지금 열거한 모든 것들이 사방에 열 개의 침대를 넣을 만한 크기의 방 안에 들어 있었습니다. 각각의 물품들이 서로 방해되지 않도록 놓여 있고, 수색자가 필요 없이, 어떤 것도 혼란스럽게 배열되거나 엉켜 있지 않아서, 어떤 물건이 갑자기 필요할 경우 시간이 지체되지 않는다는 사실을 거기서 저는 깨달았습니다. 14. 또한, 저는 조타수의 조수—이 사람은 항해사라고 불립니다—가 각 물건의 위치를 정확히 알고 있어서, 설령 자리를 비우더라도 각 물건이 어디 있는지, 몇 개나 있는지 맞힐 수 있음을 발견했습니다. 마치 철자법을 아는 사람이 '소크라테스'라는 단어가 몇 개의 철자로 구성되며 어떤 순서로 놓이는지 맞힐 수 있는 것과 마찬가지였습니다. 15. 또한, 저는 항해사가 한가한 시간에도 항해 중 필요한 모든 것을 검사하는 광경을 목격했습니다. 저는 그가 검사하는 것을 보고 놀라서 그에게 지금 무엇을 하느냐고 물었습니다.

항해사가 대답했습니다. 〈이방인이여, 지금 저는 항해 중 사고가 생기면 배의 물품들을 어떻게 놓아둘 것인지, 혹은 어떤 물품이 없어지거나 뒤죽박죽 섞여 사용하기 힘들지 않은지 돌아보고 있습니다. 16. 왜냐하면, 신이 바다에 폭풍을 일으킬 경우에, 필요한 물품을 찾으러 돌아다니거나 다루기 힘든 것을 제공할 수는 없기 때문입니다. 신은 어리석은 자들을 위협하고 벌주는 법이거든요. 만일 신이 죄 없는 사람들을 파멸시키지만 않는다면 아주 기쁜 일이지요. 반면 신이 의무를 잘 이행하는 사람들을 구원한다면 신들에게 감사해야 할 많은 이유가 있는 거지요.〉'

17. 이스코마코스가 말했습니다. '그래서 저는 배의 기물들이 이처럼 완벽하게 마련되어 있는 것을 보고 나서, 아내에게 말했지요. 〈이처럼 소규모 선박일지라도, 승선한 승무원들은 각 물품을 놓을 장소를 발견하고는, 거센 파도에 이리저리 밀려다녀도 질서를 유지하고, 두려움에 떨면서도 취해야 할 물건을 얻는다는 사실을 고려한다면, 다음은 정말로 바보 같은 일일 것이오. 만일 우리가 집 안에 가재도구 각각을 구분해 놓을 만한 커다란 창고가 있고, 우리 집이 단단한 땅 위에 세워져 있음에도 불구하고 각각의 물건들을 발견하기 쉬운 장소에 마련하지 못한다면 말이오. 이 어찌 어리석은 행동이 아니겠소? 18. 가재도구를 잘 정돈해 두는 일이 얼마나 좋은 일이며, 각각의 물품들을 집 안 어느 곳에 두어야 유용한지 아는 일

이 얼마나 쉬운지는 이미 말한 바 있소. 19. 어떤 종류이건 상관없이, 신발들이 가지런히 놓여 있는 것은 얼마나 보기 좋은 광경이요? 다양한 종류의 외투, 담요, 청동 그릇, 식사 도구들이 서로 구분되어 나란히 놓여 있는 것은 정말로 아름다운 모습이오. 내가 질서 있게 잘 정렬된 항아리들에서 아름다움이 보인다고 말하더라도 진지한 사람은 웃지 않을 거요. 재기 있는 사람이 아무리 웃어 젖히더라도 말이요. 20. 한마디로 말해서, 다른 모든 것들도 조화롭게 배열되었을 때 더 아름답게 보인다오. 왜냐하면, 각각의 가재도구는 일렬로 배열한 합창단처럼 보이며, 질서 있게 놓인 가재도구 각각을 치웠을 때 그 사이의 공간도 보기에 아름답기 때문이오. 마치 (합창단원들의) 윤무가 그 자체로 아름다운 광경일 뿐 아니라, 그 사이의 공간도 아름답고 정갈해 보이듯 말이요. 21. 그러니까 아내여, 내가 지금 말한 것이 사실인지 아닌지는, 불편을 겪거나 많은 어려움을 감수하지 않고 쉽사리 판가름할 수 있을 것이오. 더구나, 여보, 각각의 물건들을 어디에 배치해야 하는지 배워서 잘 기억해 두었다가 이들을 잘 구별해 놓을 사람을 찾기가 힘들다고 낙담해서는 안 되오. 22. 왜냐하면, 우리 도시 전체는 우리가 가진 것보다 수만 배나 되는 물품들을 가지고 있기 때문이오. 이 점은 우리도 잘 알고 있소. 반면 당신은 아무 노예에게나 명령해서 시장에서 어떤 물건을 사오도록 할 수 있소. 이때 누구도 물건을 구매하는 데 어려움을 겪지 않을 것이오. 왜냐하면, 모든 이는 어디에 가야 각각의 물건을 얻을 수 있는지 아는 듯하기 때문이오. 그 이유는 다름 아니라 각각의 대상들이 정해진 장소에 자리 잡고 있기 때문이오. 23. 하지만 때로는 당신이 어떤 사람을 찾고 있고 그 사람도 역시 당신을 만나려 하는데도 불구하고 그를 못 만나게 되는 경우도 종종 있소. 그 이유는 다름 아니라 어디에 가서 기다려야 각각의 사람들을 만날 수 있는지 정해져 있지 않기 때문이오.〉

저는 가재도구들의 배치 및 사용과 관련해서 위와 같은 내용의 대화를 아내와 나누었다고 기억합니다.'

**IX.** 그래서 제가 이스코마코스에게 물었지요. '이스코마코스여, 그 결과는 어떠했나요? 아내는 당신이 가르치고자 애쓴 교훈에 복종하는 듯 보였나요?'

이스코마코스가 대답했습니다. '아내는 이런 일을 잘 돌보겠다고 약속했죠. 그리고 곤란한 상황에서 탈출하기 위한 좋은 해결책을 발견했다는 듯 크게 기뻐하는 모습이었습니다. 그래서 저에게도 제가 제안한 방식으로 속히 가재도구들을 배열하게 해 달라고 부탁했죠.'

2. 제가 다시 이스코마코스에게 물었습니다. '이스코마코스여, 그러면 당신은 아내를 위해 물건들을 어떻게 배열해 놓았나요?'

이스코마코스가 대답했습니다. '우선 저는 우리 집의 가능성을 그녀에게 보여주어야겠다고 생각했습니다. 왜냐하면, 소크라테스여, 우리 집에는 화려한 장식이 많이 있지 않은 대신, 각 방은 마치 그 방에 위치하게 될 대상에 가장 잘 어울리는 용기처럼 만들어져서 그 방에 알맞은 것들을 불러들이기 때문입니다. 3. 그래서 창고는 그 안전성으로 인해서 가장 값진 담요나 가정용품들을 요구하는 한편, 지붕 덮인 건조실은 곡식을, 시원한 방은 포도주를, 밝은 방은 빛이 있어야 하는 예술작품이나 그릇들을 요구하는 것입니다. 4. 저는 가족을 위해 치장한 거실을 아내에게 보여 주었는데, 이 방은 여름에는 시원하고 겨울에는 따뜻합니다. 또한, 저는 우리 집 전체가 남향으로 지어져 있음을 아내에게 보여 주었습니다. 이로써 우리 집에는 겨울에 해가 들고 여름에는 그늘이 진다는 사실이 분명해졌지요. 5. 한편 저는 아내에게 아녀자들이 지내는 방도 보여 주었는데, 이 방은 빗장 친 문을 경계로 남자들이 지내는 방과 분리되어 있습니다. 따라서 밖으로 내보내면 안 되는 것들이 안에서 나가지 않게 되고, 하인들이 우리의 허가 없이 자식을 낳지도 못하게 되는 것이지요. 왜냐하면, 충직한 하인들은 자식을 낳고 나면 더욱 공손해지지만, 못된 하인들은 결혼할 경우 나쁜 일을 저지르기에 더 쉬워지기 때문입니다. 6. 목록을 두루 검토한 후, 우리는 세간을 유형별로 구분했습니다. 먼저 우리는 제사에 사용하는 제기들을 모으기 시작했지요. 그다음에 우리는 축제에서 사용하는 여성용 장식을 골라냈고, 남성의 축제 의상과 전쟁용 복장, 여자들 방과 남자들 방에서 덮을 담요 그리고 여성용 신발과 남성용 신발을 분류했습니다. 7. 다음 유형은 무기로 구성되었고, 그 밖의 유형은 실 잣는 도구들, 빵 만드는 도구들, 요리용 도구, 목욕 도구, 밀가루 반죽 통 및 식사 도구였습니다. 우리는 이 모든 집기를 다시 둘로, 즉 늘 사용하는 것과 축제에 사용하는 것으로 나누어 놓았습니다. 8. 또한, 우리는 매달 소비되는 물품들을 따로 골라 두었고, 일 년 동안 사용될 것으로 예측되는 물품들도 따로 분류해 두었습니다. 왜냐하면, 이렇게 함으로써 그 물건들을 어떻게 사용 한도까지 쓸 수 있는지 기억하기 쉬울 것이기 때문이지요. 이렇게 모든 가재도구를 유형별로 분류한 후, 우리는 각각의 물품들을 적절한 위치에 가져다 놓았습니다. 9. 그러고 나서 우리는 노예들이 매일 사용해야 할 가재도구들—이를테면 제빵 기구, 식사 도구, 실 잣는 기구 등—을 어디에 두어야 하는지 보여 주었습니다. 그러고 나서 우리는 노예들에게 가재도구들을 넘긴 후 안전하게 보관해 두라고 명령했습니다. 10. 한편 제전이나 손님 접대 혹은 드문 경우에 사용하는 물건들은 가정부에게 맡겼습니다. 우리는 그녀에게 물품들의 위치를 보여주고 각 물품의 수를 세어 목록을 작성한 후, 가정부에게 명령했습니다. 〈이 물건들 각각은 원하는 노예에게 주되, 누구에게 어떤 물품을 주었는지 기억해 두었다가, 나중에 돌려받으면 각각의 물품을 꺼내온 그곳에 다시 두도록 하라.〉 11. 가정부를 선임할 때, 우리는 어떤 여자가 식사나 음주, 수면 및 남성 교제를 가장 잘 절제하는지 검토했으며, 그 밖에도 기억력이 가장 좋으며 주의력이 깊고, 의무를 게을리하여 우리에게 해악을 끼치지 않을 만한 여자가 누구인지 따져

보았습니다. 또한, 어떻게 하면 먼저 우리에게 은혜를 베푼 후 다시 우리에게 보상받을 수 있는지 궁리하는 여자를 가정부로 삼았습니다. 12. 또한, 우리는 기쁜 일이 있을 때 가정부와 함께 기뻐했고 슬픈 일이 있을 때도 우리와 함께 슬퍼하도록 그녀에게 요청하여, 그녀가 우리에게 선의를 가지도록 가르쳤습니다. 또한, 우리는 그녀가 우리 재산이 얼마나 되는지 알도록 하고 이윤을 그녀에게도 나누어 줌으로써, 열의를 가지고 우리의 재산을 함께 증식시키도록 가르쳤습니다. 13. 나아가 우리는 정의로운 자들을 부정의한 자들보다 더 명예롭게 대하고, 정의로운 자들이 부정의한 자들보다 더욱 부유하고 자유롭게 생활한다는 점을 보여 줌으로써, 가정부의 마음에 정의를 심어 주었습니다. 그리하여 우리는 그녀를 그처럼 중요한 자리에 놓았습니다. 14. 소크라테스여, 이 모든 일이 완결된 후, 저는 아내에게 말했습니다. 〈만일 당신이 각각의 물품에 정해진 위치를 유지하도록 돌보지 않는다면, 이 모든 일이 허사가 될 것이오.〉 또한, 저는 그녀에게 가르쳤습니다. 제도가 잘 마련된 국가에서는 시민들이 좋은 법률을 제정하는 것에 만족하지 않고, 한 발 더 나아가, 법률 수호자들—이들은 사람들을 감찰해서 합법적인 행동을 하는 자를 칭찬하고 위법 행위를 하는 사람은 벌줍니다—을 선출한다는 사실 말입니다. 15. 이렇게 해서 저는 아내가 자신을 스스로 집안의 규칙 수호자로 간주하도록 명령했습니다. 또한, 마치 수비대장이 파수꾼들을 사찰하듯, 그녀 또한 그렇게 하는 것이 좋겠다고 생각이 들 때면 언제나 집안 기물들을 조사하도록 했으며, 마치 의회가 군마들과 기병들을 자세히 조사하듯, 그녀도 가재도구 각각이 좋은 상태를 유지하고 있는지 점검해서—여왕이 그렇게 하듯—가치 있는 자를 현재 능력의 한도 내에서 칭찬하고 명예롭게 하는 한편, 필요할 경우에는 꾸짖고 벌주도록 했습니다. 16. 이 밖에도 저는 우리 집안 소유물과 관련해서 노예들보다 그녀에게 더 많은 일을 시킨 것에 대해서 성내지 말라고 가르쳤습니다. 그리고 그 근거로 다음 사실을 제시했습니다. 즉 노예들은 주인의 돈을 운반하고 간수하며 지킨다는 점에서만 주인의 돈을 나누어 가진다는 것이지요. 노예는 주인이 허락하지 않는 한 주인의 재산을 사용할 수 없습니다. 모든 것은 주인의 소유이며, 주인이 사용하고 싶은 대로 쓸 수 있습니다. 17. 그러므로 재산이 보존되었을 때 가장 큰 이득을 보는 한편 재산이 탕진되면 가장 큰 손해를 보는 사람은, 그 재산에 가장 큰 주의를 기울이는 자라는 사실을 저는 아내에게 분명히 설명해 주었던 것입니다.'

18. 제가 물었습니다. '이스코마코스여, 그러면 어떻습니까? 당신 부인이 당신의 말을 듣고 나서 복종하던가요?'

이스코마코스가 대답했습니다. '소크라테스여, 그랬더니 그녀가 다음과 같이 대답하지 뭡니까? 〈만일 당신이 우리가 소유하고 있는 것들을 잘 돌보라고 저에게 가르치시면서 엄청나게 어려운 일을 명령했다고 생각하신다면 착각하신 겁니다. 왜냐하면, 만일 당신이 저에게 집안 물건들을 돌보라고 시키는 대신 저의 의무를 등한히 하라고 하셨다면 그것이 더 견디기 힘들었을 테니까요.〉

19. 이스코마코스가 계속 이어 말했습니다. '사려 깊은 여성에게는 자기 자식을 돌보는 일이 내버려두는 일보다 더 쉽듯이, 제가 보기에, 사려 깊은 여자는 자기 소유물을 등한히 하는 것보다 돌보는 편이 더 즐겁다고 생각하는 듯하더군요.'

**X.** 저는 이스코마코스의 아내가 그에게 이렇게 대답했다는 이야기를 듣고서 말했습니다. '이스코마코스여, 헤라 여신에게 맹세컨대, 당신은 아내가 남성과 같은 사고력을 가졌음을 보여주고 있군요.'

그러자 이스코마코스가 대답했습니다. '그렇습니다. 또한, 저는 그녀가 정말로 고결한 마음을 지녔음을 증명해 주는 다른 증거들을 말씀드리고 싶습니다. 이런 일들에 있어서 제 아내는 제 말을 단한 번 듣고 곧바로 복종했거든요.'

제가 다시 말했지요. '그런 증거들이 무엇인지 말해 주세요. 왜냐하면, 저는 제욱시스[9]가 그린 아름다운 여인의 초상화를 감상하는 것보다 실제 여인의 덕을 배우는 일이 더 즐겁다고 생각하기 때문이죠.'

---

9 제욱시스는 기원전 5세기경 최고의 화가 중 하나이다. 특히 사실화로 유명했는데, 그가 포도송이를 그리자 새들이 날아와서 쪼아 먹으려 했다고 한다.

2. 그러자 이스코마코스가 자신의 일화를 이야기했습니다. '그러니까, 소크라테스여, 어느 날이었습니다. 저는 그녀가 얼굴에 화장하는 광경을 목격했습니다. 그녀는 얼굴에 다량의 흰 납을 문질러서 실제보다 얼굴이 더 희게 보이도록 하고 있었으며, 알카넷 식물즙을 잔뜩 발라서 볼이 원래 모습보다 더 불그스레하게 보이도록하고 있었습니다. 또한, 그녀는 굽 높은 구두를 신어서 실제 키보다더 커 보이게 하고 있었습니다. 3. 그래서 저는 그녀에게 말했습니다. 〈여보, 말해 보시오. 다음 두 방식 중 어떤 것을 골라야 당신이 나를더욱 사랑스러운 반려자이자 재산의 공동소유자로 생각하겠소? 실제 재산보다 더 많은 돈을 소유한다고 허풍 치지도 않고, 재산 일부를 숨기지도 않으면서, 내가 당신에게 우리 재산을 사실 그대로 보여주어야겠소? 아니면 내가 실제로 소유하고 있는 것보다 더 많이가지고 있다고 말하면서 당신을 속이려 하고, 당신에게 가짜 돈, 나무에 금박 입힌 목걸이 그리고 색이 금방 바래는 자주색 의상을 진짜인 양 보여주면서 과시해야겠소?〉

4. 그러자 그녀가 곧바로 대답했습니다. 〈쉿, 조용히! 여보, 제발그런 사람이 되시면 안 돼요. 만일 당신이 그렇게 거짓말쟁이라면, 저는 진심으로 당신을 사랑할 수 없을 거예요.〉

제가 다시 말했습니다. 〈그러니까, 아내여, 우리는 서로 결합하여일심동체로 있지 않소?〉

아내가 대답했습니다. 〈세상 사람들은 우리가 일심동체라고 말

하지요.〉

5. 제가 다시 물었습니다. 〈그러면 말해 보시오. 둘 중 어떤 길을 선택해야 내가 당신에게 사랑받을 만한 반려자가 되겠소? 즉, 나 자신의 몸이 건강하고 강하게 되도록 심혈을 기울여, 이로 인해 내 몸이 정말로 당신이 보기에 좋은 혈색을 띠는 모습을 보여주도록 노력해야겠소? 아니면 붉은 흙을 나의 볼에 바르고 눈 밑에는 물감을 칠한 후 당신에게 내 모습을 보여줌으로써, 당신의 눈을 기만하고 내 살이 아니라 붉은 흙을 당신에게 비벼야겠소?〉

6. 그러자 아내가 말했습니다. 〈붉은 흙보다는 당신의 살을 저는 기꺼이 만지고 싶고, 물감보다는 당신의 실제 피부색을 기꺼이 보고 싶으며, 색칠한 눈보다는 당신의 건강한 눈을 바라보고 싶어요.〉'

7. 이스코마코스는 계속 이어 말했습니다. '그래서 제가 아내에게 말했습니다. 〈여보, 그렇다면 내가 당신의 실제 피부색보다 흰 납이나 알카넷의 색상을 더 좋아한다고 생각하지 마시오. 신들은 말이 말에게서 기쁨을 느끼고, 소는 소에게서, 양은 양에게서 가장 큰 기쁨을 느끼도록 만들지 않았소? 이와 마찬가지로 인간도 인간의 꾸미지 않은 몸에서 가장 큰 기쁨을 얻는다고 생각되오. 8. 따라서 이러한 눈속임은 의심할 여지 없이 외부인들을 현혹할 수는 있겠으나, 늘 한 지붕 밑에서 생활하는 사람들은 서로를 속이고 외도하고자 하더라도 발각될 것이 분명하오. 왜냐하면, 외도한 후 아침에 옷

을 미처 입기도 전에 침대에서 발각될 것이며, 혹은 땀을 흘려서 발각되거나 눈물로 인해서 사실을 추궁당할 것이고, 아니면 목욕탕에서 뒹굴다가 목격될 것이기 때문이오.〉

9. 이 말을 듣고 저는 이스코마코스에게 물었습니다. '신들에게 맹세컨대, 그녀가 당신의 말에 어떻게 답하던가요?'

그러자 이스코마코스는 대답했습니다. '아무 말도 하지 않았습니다. 하지만 이날부터는 그렇게 화장하는 일을 그만두었지요. 그리고 저에게 그녀의 순수한 모습—주부로서 마땅히 가지고 있어야 할 모습—을 보여주고자 했습니다. 하지만 그녀는 한 가지 점에 대해서 조언해 줄 수 있느냐고 저에게 물었습니다. 즉 어떻게 해야 그녀가 단지 아름답게 보이는 것이 아니라 실제로 아름답게 될 수 있느냐는 거지요. 10. 소크라테스여, 저는 아내에게 다음과 같이 조언했습니다. 〈노예처럼 마냥 앉아 있지 말고 신들의 도움을 받아서 여주인답게 행동하시오. 베틀 앞으로 다가가서 당신이 다른 사람보다 더 잘 알고 있는 것을 가르쳐야 할 것이고, 당신이 잘 모르는 사실은 배워야 하오. 또한, 빵 만드는 노예를 순시해야 하고, 가정부가 창고를 정리할 때 곁에 서 있어야 하며, 각각의 가재도구가 제자리에 놓여 있는지 순시해야 하오.〉 왜냐하면, 저는 이런 일이 그녀의 책무일 뿐 아니라 산책할 기회를 주기도 한다고 생각했기 때문입니다. 11. 또한, 저는 밀가루를 물에 풀어 반죽하는 일, 외투와 담요를 털어서 개는 일이 그녀에게 좋은 운동이 될 것이라고 말했습니다. 이렇게 운동을 하고 나면 식사도 더욱 즐겁게 할 수 있으며 더 건강해져서, 실제로 혈색도 좋아질 것이라고 덧붙였지요. 12. 더구나 여주인이 하녀와 견주어서 더 깨끗하고 어울리게 옷을 입었을 경우, 특히 다른 여자들은 억지로 봉사하는 데 반해, 아내는 자발적으로 남편에게 호의를 베풀 때, 그 모습이 더욱 매혹적이지요. 13. 반면 항상 위엄 있게 앉아 있는 아내는 겉치장이나 그럴듯하게 하고 남들을 기만하는 여인과 자기 자신을 비교시킵니다. 그러니까 소크라테스여, 이제 당신은 알 겁니다. 제가 가르친 방식대로 그리고 지금 당신에게 말씀드린 모습 그대로 제 아내가 살아가고 있다는 사실을 말씀입니다.'

**XI.** 이때 저는 말했습니다. '이스코마코스여, 당신 아내의 일에 관해서는 지금까지 충분히 들은 듯하군요. 당신이나 당신 부인 모두 칭찬받아야겠네요. 그러면 이제 당신의 일에 관해서 말해 보시죠. 당신이 어떻게 해서 그처럼 명성을 떨치게 되었는지 기꺼이 설명해 주면, 저도 훌륭하고 좋은 사람의 직무를 꼼꼼히 듣고 최선을 다해서 배울 겁니다. 그러면 매우 감사하겠습니다.'

2. 그러자 이스코마코스가 대답했습니다. '소크라테스여, 신께 맹세컨대, 당신께 저의 일상 업무를 이야기하여, 혹시 제가 잘못하고 있는 것이 있으면, 당신의 교정을 받을 수 있다는 것은 매우 즐거운 일입니다.'

3. 제가 다시 말했지요. '제가 어찌 감히 훌륭하고 선하게 자기

일을 수행하는 사람을 교정할 수 있겠습니까? 저는 쓸데없는 이야기나 하고 하늘을 측량하러 다니며(aerometrein)[10] 가난뱅이 일용 노동자라고 불리는 사람—이것은 가장 이해하기 힘든 비난입니다만—이지 않습니까? 4. 이스코마코스여, 만일 며칠 전에 제가 이 방인 니키아스의 명마를 우연히 마주치지 않았다면, 저는 마지막 비난 때문에 매우 상심했을지도 모릅니다. 저는 많은 구경꾼이 그 말을 따라다니는 것을 목격했고, 그중 어떤 사람들이 그 말에 관해서 거창한 이야기를 하는 것을 들었습니다. 그래서 저는 말 조련사에게 다가가서 혹시 그 말이 큰돈을 가지고 있느냐고 물었습니다. 5. 그는 저를 흘낏 쳐다보았습니다. 그리고는 이런 질문을 하다니 정신이 이상한 것 아닌가 하는 표정을 지었습니다. 저에게 말이 어떻게 돈을 소유할 수 있느냐고 그가 반문했습니다. 이 말을 듣고서 저는 고개 들고 당당해질 수 있었습니다. 그의 대답은 자연적으로 훌륭한 마음을 가지고 있다면, 가난한 말도 훌륭한 말이 될 수 있음을 함축하기 때문이었지요. 6. 따라서 (가난한) 저도 훌륭한 사람이 될 수 있으므로, 이제 당신은 당신의 직무가 무엇인지 남김없이 말해 주세요. 저도 당신의 말을 듣고 그것을 깨닫기 위해 가능한 한 노력할 생각이니까요. 그래서 내일 아침부터라도 당신을 흉

10 아리스토파네스의 《구름》 225에서 소크라테스는 자신이 하늘 위를 걸으면서 태양에 관해 숙고하고 있다고 주장한다.

내 내기 시작할 겁니다. 왜냐하면, 그날은 덕성 연마를 시작하기에 좋은 날이거든요.[11]'

7. 그러자 이스코마코스가 대답했습니다. '소크라테스여, 농담하시는군요. 그렇지만 저는 제가 어떤 일들을 수행하면서 살아 나가는지 최선을 다해서 당신께 말씀드리겠습니다. 8. 왜냐하면, 제가 깨달은 바에 따르면, 신들은 사람들이 자신의 의무를 깨달아서 이를 제대로 이행하지 않으면 성공할 수 없도록 만들었으며, 현명하고 주의력 깊은 사람 중 일부에게는 번영을 허락했지만, 어떤 사람들에게는 그것을 허용하지 않았습니다. 따라서 저는 신들을 돌보는 데에서 출발합니다. 그리고 저는 신들이 저의 기도에 응답해서, 건강과 체력, 국가의 명예, 친구들의 호의, 전쟁에서의 구원 및 부의 정당한 증식을 저에게 허락해 주도록 행동하려고 노력합니다.'

9. 저는 이 말을 듣고서 물었습니다. '이스코마코스여, 많은 재산을 돌보려면 고생스러운 일이 많을 텐데도, 당신은 부유해지고 많은 돈을 가지려고 합니까?'

그러자 이스코마코스가 대답했습니다. '물론입니다. 저는 당신의 질문에 대해서 〈돈 버는 일에 관심이 있다〉고 대답하겠습니다. 왜냐하면, 소크라테스여, 신들에게 성대히 경의를 표하고, 곤궁에 빠진 친구들을 도우며, 제 재산의 감당할 수 있는 한도 내에서 국가

---

11 또는 "덕성 연마를 시작하기에는 낮이 좋은 때거든요."

를 아름답게 꾸미는 일이 저에게는 즐겁기 때문입니다.'

10. 제가 다시 말했습니다. '이스코마코스여, 당신이 말하는 것은 정말로 훌륭한 일이군요. 또한, 그 일은 참으로 힘 있는 자의 몫입니다. 어찌 그렇지 않겠습니까? 다른 이들의 도움 없이 살 수 없는 사람들이 다수이고, 많은 사람은 자신의 기본적 욕구를 충족시킬 만큼만 소득을 얻으면 만족스러워합니다. 물론 자신의 재산을 경영할 수 있을 뿐 아니라, 돈을 모아서 국가를 아름답게 꾸미고 친구들의 어려움을 덜어 줄 수 있는 사람들도 있지요. 이들을 부유하고 힘 있는 사람들이라고 생각해야 하지 않겠습니까? 11. 하지만 우리 중 다수가 이런 사람들을 칭찬할 수 있을 것입니다. 이스코마코스여, 이제 당신은 당신 이야기의 출발점으로 돌아가서 말해 주세요. 당신은 어떻게 건강과 체력을 돌봅니까? 또한, 당신은 어떻게 전쟁에서 잘 살아남을 수 있습니까? 이 질문에 대한 답변을 들은 후, 저는 당신의 돈 버는 방식에 대해서도 듣고 싶습니다.'

12. 그러자 이스코마코스가 대답했습니다. '소크라테스여, 저는 이 모든 일이 서로 연결되어 있다고 생각합니다. 왜냐하면, 제가 생각하기에, 어떤 사람이 먹을 것이 충분히 있고 운동을 올바르게 한다면, 그는 건강을 유지할 것이고 체력을 더 키울 수 있을 것이기 때문입니다. 또한, 그는 신체를 단련함으로써 전쟁에서 더 잘 살아남을 수 있으며, 집안일을 올바르게 돌보는 한편, 나약한 습관을 피함으로써 재산을 증식할 가능성을 더 높이는 것이지요.'

13. 제가 다시 말했습니다. '이스코마코스여, 저도 여기까지는 당신의 의도를 따라가겠습니다. 그러니까 사람이 운동하고 주의를 기울이고 훈련함으로써 인생에서 좋은 것들을 더 잘 획득할 수 있다는 말씀이군요. 하지만 당신은 건강한 몸 상태와 체력 유지를 위해 어떤 운동을 하시나요? 또한, 저는 당신이 어떻게 전쟁 훈련을 하는지, 어떤 일을 돌봄으로써 이윤을 창출해서 곤궁에 빠진 친구들을 돕고 국가를 강력하게 만드는지도 기꺼이 알고 싶습니다.'

14. 이스코마코스가 대답했습니다. '소크라테스여, 그러니까 저는 사람을 방문해야 할 경우, 그 사람이 아직 집 안에 있을 정도로 이른 시간에 침대에서 일어나는 습관이 있습니다. 제가 시내에서 해야 할 일이 있으면, 저는 이를 산책할 기회로 삼습니다. 15. 만일 시내에서 해야 할 일이 없으면, 제 몸종은 말을 농장으로 이끌고 가고, 저는 농장까지 걸어갑니다. 소크라테스여, 아마도 이렇게 농장까지 걸어가는 편이 지붕 덮인 주랑에서 산책하는 것보다 더 이로울 것입니다. 16. 제가 농장에 다다르면, 일꾼들이 나무를 심거나 땅을 개간(neiopoiein)[12]하거나 씨를 뿌리거나 곡식을 수확하고 있지요. 저는 각각의 일들이 어떻게 진행되는지 검사한 후, 혹시 현재의 방식보다 더 좋은 대안이 있으면 농사짓는 방식을 개선합니다. 17. 그 후, 저는 대개 말에 올라타서 승마하지요. 이때 저는 전쟁에서 요

---

12 콩이나 채소를 땅에 심어 땅을 기름지게 함으로써 나중에 곡물을 심기 쉽게 함.

구되는 승마기술과 가능한 한 유사하게 훈련합니다. 저는 말을 탈 때, 비탈길이나 가파른 내리막길, 웅덩이나 개울을 피하며, 이런 길을 갈 경우에는 말이 다리를 절게 되지 않도록 최대한 주의를 기울입니다. 18. 승마를 마치면, 제 몸종이 말을 먼지 목욕시켜서 집으로 끌고 가고, 동시에 도시에서 필요할 것들을 농장에서 가지고 갑니다. 한편 저는 걷거나 뛰면서 집에 도착합니다. 그리고 집에 돌아와 목욕탕에서 몸을 깨끗하게 문지릅니다. 소크라테스여, 그러고 나서 저는 식사를 하는데, 하루를 보내기에 속이 허하지도 않고 너무 배가 부르지도 않게 먹습니다.'

19. 제가 말했습니다. '헤라 여신에게 맹세하건대, 당신이 하는 일들은 정말이지 저의 마음에 듭니다. 왜냐하면, 당신은 건강을 유지하고 체력을 키우기 위한 수단과 전쟁에 대비한 훈련, 부를 축적하기 위한 관리를 동시에 하고 있기 때문입니다. 이 모든 일이 저에게는 존경스러워 보입니다. 20. 당신은 각각의 목표 추구를 올바르게 수행하고 있다는 증거를 충분히 제시하고 있거든요. 즉 신들의 가호로 당신이 대체로 건강하고 강인하다는 것을, 그리고 가장 승마술에 뛰어나고 부유한 사람 중 한 사람으로 간주된다는 사실을 우리는 압니다.'

21. 이스코마코스가 말했습니다. '소크라테스여, 아마도 당신은 제가 많은 사람에게 훌륭하고 좋은 자로 평가받는다고 듣기를 기대하시겠지요. 그런데도 저는 이런 일들을 하면서 많은 사람한테

중상모략을 당합니다.'

22. 제가 다시 말했습니다. '이스코마코스여, 저도 지금 막 당신에게 질문하려던 참이었습니다. 만일 법정에 출두해야 할 경우, 당신은 상대방을 기소하거나 자신을 변호하는 능력을 키우기 위해서 대책을 세우고 있나요?'

그가 대답했습니다. '당신은 제가 늘 그런 훈련을 수행하고 있다고 생각하지 않으시나요? 즉 저는 저 자신은 아무도 해치지 않으며 능력이 닿는 한 많은 사람을 이롭게 한다는 사실을 보여줌으로써, 자신을 변호합니다. 한편 저는 개인적으로 많은 사람을 해롭게 하며 국가에 해악을 끼치며 아무에게도 이득을 주지 않는 사람들이 누구인지 알아내어 주의하는데, 이것이야말로 다른 사람들을 기소하는 훈련이 아니고 무엇이겠습니까?'

23. 제가 말했습니다. '하지만 아직 한 가지를 더 밝혀 주세요, 이스코마코스여. 당신은 이런 일들을 말로 설명하는 연습도 하나요?'

이스코마코스가 대답했습니다. '저는 말하는 훈련을 멈추지 않고 열심히 합니다. 왜냐하면, 노예 중 하나를 골라 기소인이나 피고인 역할을 하게 한 후, 저는 그의 말을 듣고 논파하는 훈련을 하기 때문이지요. 또는 저는 어떤 사람을 그의 친구들 앞에서 비판하거나 칭찬하며, 지인들 사이에서 중재자 역할을 하기도 합니다. 그래서 친구로 지내는 편이 적으로 지내는 것보다 서로에게 이롭다는 점을 가르치려고 노력하지요. 24. 한편 우리는 군법회의에 참석해서 어떤 병사를 비판하기도 하고, 어떤 사람이 부당하게 기소되었을 때 그를 변호하기도 하며, 부당하게 명예를 얻은 사람을 비난하는 역할을 맡기도 합니다. 우리는 때로 의회에 참석해서, 우리가 채택하기 원하는 법안에 찬성 발언을 하거나, 채택을 원치 않는 법안에 대해 반론을 펴지요. 25. 하지만 소크라테스여, 때때로 저 혼자만 형벌이나 벌금형을 판결받은 적도 있습니다.'

제가 물었습니다. '누가 그런 판결을 내렸나요, 이스코마코스여? 저는 금시초문입니다만.'

그러자 그가 대답했습니다. '제 아내지요.'

제가 다시 물었습니다. '그러면 당신은 어떻게 탄원했나요?'

이스코마코스가 대답했습니다. '진실을 말하는 것이 이로울 경우에는 저도 아주 그럴싸하게 말할 수 있습니다. 하지만 거짓말을 해야 하는 경우, 저는 신에게 맹세컨대 더 나쁜 것을 더 좋은 것처럼 보이게 할 수 없습니다, 소크라테스여.'

제가 덧붙였습니다. '이스코마코스여, 아마 그렇겠군요. 당신은 거짓을 참으로 만들 수 없으니까요.'

**XII.** 제가 계속 이어 말했습니다. '하지만 이스코마코스여, 만일 당신이 이제 자리를 뜨고 싶다면, 저도 막지 않겠습니다.'

그러자 이스코마코스가 대답했습니다. '신께 맹세코 그러실 필요가 없습니다. 장이 완전히 파하기 전까지 저는 이곳을 떠나지 않을 테니까요.'

2. 제가 말했습니다. '정말이지, 당신은 훌륭하고 좋은 사람이라는 별명을 해치지 않도록 대단히 주의하는군요. 왜냐하면, 지금 당신이 돌보아야 할 일들이 아마도 많을 테니까요. 당신이 이방인들과 만날 약속을 해 놓았으니, 약속을 어기지 않으려면 그들을 기다려야겠지요.'

이스코마코스가 말했습니다. '소크라테스여, 당신도 잘 아시다시피, 저는 당신이 지적하신 것들도 소홀히 하지 않습니다. 저는 농장에 관리인들을 두고 있거든요.'

3. 제가 다시 말했습니다. '이스코마코스여, 관리인이 필요할 경우, 당신은 관리능력이 있는 사람을 찾아내어 그의 능력을 시험한 후 그를 고용하나요? 건축가가 필요하면, 당신은 건축기술을 가진 사람을 발견해서 그의 능력을 시험하고 난 후 그를 택할 것을 저는 알고 있습니다만……. 아니면 당신 스스로가 관리인을 교육하나요?'

4. 이스코마코스가 대답했습니다. '물론 제가 직접 그들을 가르치고자 노력합니다, 소크라테스여. 왜냐하면, 제가 자리를 비울 경우에도 관리인이 저 대신 농장을 관리할 수 있어야 하기 때문입니다. 그러기에 충분하려면, 제가 할 수 있는 것 이외에 다른 것들을 그가 관리해야 할 필요가 있겠습니까? 왜냐하면, 제가 농장 일들을 돌볼 능력이 있는 경우, 저 자신이 관리할 수 있는 것들을 다른 사람에게 가르칠 수 있을 테니까요.'

5. 제가 물었습니다. '그렇다면 당신이 부재중일 때 관리인이 당신의 역할을 대신해야 할 것이니까, 관리인은 우선 당신과 당신 식구들에게 충실해야겠군요. 만일 그가 충실하지 않다면, 그가 어떤 관리술을 가지든 무슨 소용이 있겠습니까?'

이스코마코스가 대답했습니다. '물론 쓸모가 없겠지요. 그래서 저는 저와 우리 가족에 대한 충성심을 가장 먼저 교육하도록 노력하지요.'

6. 제가 다시 물었습니다. '그러면 신들 앞에서 말하건대, 당신은 어떤 방식으로 당신과 당신 식구들에게 충실하도록 당신이 고른 사람—그가 누구건 간에—을 가르치십니까?'

이스코마코스가 대답했습니다. '물론 신들이 우리에게 어떤 좋은 것을 풍족히 주실 때, 관리인에게도 보상함으로써 그를 충성스럽게 만들지요.'

7. 제가 말했습니다. '그러면 당신의 좋은 일들을 함께 향유하는 자들은 당신에게 충성스러워지고 당신에게 선을 행하기를 원하게 된다는 말씀이신가요?'

이스코마코스가 대답했습니다. '그렇습니다, 소크라테스여. 저는 이런 방법이 충성심을 불러일으키는 최선의 길임을 알게 됐습니다.'

8. 제가 다시 물었습니다. '하지만 이스코마코스여, 그가 당신에게 충성스럽게 되었다고 해서, 이로 인해 유능한 관리인이 된다는

건가요? 말하자면 모든 사람이 자기 자신에게 충성스럽고 자신의 성공을 바라지만, 이들 중 다수는 스스로 원하는 좋은 일들이 그들에게 일어날 수 있도록 애쓰지 않는 것이 현실입니다. 당신은 그 사실을 알지 못하나요?'

9. 이스코마코스가 대답했습니다. '물론 그런 사람들을 관리인으로 만들고자 할 경우에, 저는 그들이 애쓰고 주의를 기울이라고 가르칩니다.'

10. 제가 말했습니다. '도대체 어떻게 그렇게 할 수 있습니까? 저는 주의를 기울임(epimele poiesai)은 결코 교육할 수 없는 덕목이라고 생각했기 때문입니다.'

그가 대답했습니다. '소크라테스여, 당신 말이 옳습니다. 그러니까 모든 사람을 주의력 있는 사람으로 가르칠 수는 없지요.'

11. 제가 말했습니다. '좋습니다. 그러면 누구에게 주의력을 가르칠 수 있나요? 무슨 일이 있더라도 이들이 누구인지 명확히 지적해 주세요.'

그러자 이스코마코스가 대답했습니다. '소크라테스여, 우선 당신은 술을 절제하지 못하는 사람을 주의력 있는 사람으로 만들 수 없습니다. 왜냐하면, 취기는 해야 할 모든 일을 망각하게 하니까요.'

12. 제가 다시 물었습니다. '그러면 술에 있어서 무절제한 사람만이 주의력 있는 사람이 되지 못하는 것인가요, 아니면 다른 사람들이 또 있나요?'

이스코마코스가 대답했습니다. '물론 있지요. 잠꾸러기는 주의력을 배울 수 없지요. 왜냐하면, 자는 동안에는 스스로 의무를 이행할 수도 없고, 다른 사람들로 하여금 의무를 이행하도록 만들 수도 없기 때문입니다.'

13. 제가 물었습니다. '그러면 어떻습니까? 앞서 언급한 사람들만이 주의력을 배울 수 없는 것인가요, 아니면 그 밖에도 다른 사람들이 더 있나요?'

이스코마코스가 대답했습니다. '제가 볼 때는, 성적 쾌락에 탐닉한 사람들은 그것 말고 다른 어떤 것에 주의를 기울이도록 교육될 수 없습니다. 14. 왜냐하면, 그들은 희망이나 어떤 일을 돌봄이 자신이 사랑하는 사람들에게 헌신하는 것보다 더 즐겁다고 쉽사리 생각할 수 없을 것이기 때문입니다. 더구나 일에 대한 의무가 압박해 올 때는, 애인들을 만날 수 없다는 것보다 더 심한 벌은 찾기 힘듭니다. 따라서 저는 이러한 사람들에게도 관리직을 맡기지 않습니다.'

15. 제가 다시 말했습니다. '그러면 이득 보는 일을 열망하는 사람들은 어떻습니까? 이들 또한 농장 일들을 돌보도록[13] 교육할 수 없는 사람들인가요?'

이스코마코스가 대답했습니다. '천만에요. 신에게 맹세코 전혀 그렇지 않습니다. 오히려 이들은 그런 일들을 돌보는 데 매우 쉽게

---

13 epimeleia는 "돌봄", "주의를 기울임" 또는 "관리함"을 뜻하는 말이다.

적응하는 사람들입니다. 그들에게는 주의를 기울이는 일이 이득을 가져온다는 사실만 지적해 주면 되기 때문이죠.'

16. 제가 말했습니다. '다른 사람들의 경우를 생각해 봅시다. 만일 어떤 사람들이 당신이 요구하는 것들을 갖추고 있고, 이득에 대한 탐욕도 적절하다면, 당신은 어떻게 이들을 가르쳐서 당신이 바라는 일들을 그들이 관리할 수 있도록 만들겠습니까?'

그가 대답했습니다. '그것은 아주 간단합니다, 소크라테스여! 주의력 깊은 사람들을 볼 경우, 저는 그들을 칭찬하고 그들을 존중하려고 노력합니다. 반면 부주의한 사람들을 보면, 저는 그들을 자극하는 말을 해서 그들이 자극받도록 합니다.'

17. 제가 다시 말했습니다. '이스코마코스여, 자! 이제는 사람들에게 주의력(혹은 관리epimeleia)을 교육하는 데 관한 이야기는 그만두고 다른 주제에 대해 논의합시다. 교육 제도에 관해서 설명해 주세요. 부주의한 사람이 다른 이들을 주의력 깊은 사람들로 만들수 있습니까?'

18. 이스코마코스가 대답했습니다. '물론 그건 불가능하지요. 차라리 음악에 소질이 없는 사람이 다른 사람들에게 음악을 가르칠수 있다고 말하는 편이 낫겠죠. 왜냐하면, 스승이 어떤 일에 대해 형편없이 시범을 보일 경우 제자들이 그 일을 잘하도록 배우기는 힘들기 때문이죠. 또한, 주인이 부주의한 시범을 보였는데, 노예가 주의 깊게 되는 일은 힘든 법이죠. 19. 한마디로 말해서, 저는 이제까지

형편없는 주인이 쓸만한 노예들을 가진 경우를 발견한 적이 없다고 생각합니다. 반대로 좋은 주인이 형편없는 노예들을 가진 경우는 보았지요. 물론 그 경우 그 노예들은 고통을 모면할 수 없었습니다. 그러니까 만일 당신이 어떤 사람들을 주의력 있는 사람들(또는 관리 책임자들)로 만들고자 한다면, 당신은 그들의 일을 잘 감독하고 조사하는 능력을 갖추어야 합니다. 또한, 어떤 일이 잘 완수될 경우 책임자에게 사례할 용의가 있어야 하며, 부주의한 행동을 저지른 자에게 마땅한 벌을 내리는 데 주저하지 말아야 합니다.'

20. 이스코마코스가 계속 이어 말했습니다. '저는 소위 이방인들(페르시아인들)의 답변이라고 불리는 것이 옳다고 생각합니다. 즉 페르시아의 왕이 훌륭한 말을 얻어, 이 말을 가능한 한 빨리 살찌우게 하고 싶었습니다. 그래서 그는 말과 관련해서 유능하다고 알려진 사람 중 하나를 불러서, 말을 가장 빨리 살찌우는 방법이 무엇인지 물었습니다. 그 사람은 〈주인의 눈이지요〉라고 대답했습니다. 소크라테스여, 저는 다른 일들에서도 같은 대답을 할 수 있다고 생각합니다. 다시 말해 주인의 눈이 가장 훌륭하고 일을 잘 시킨다는 것이지요.'

**XIII.** 제가 다시 말했습니다. '당신이 바라는 일에 주의를 기울여야 한다는 것을 당신이 어떤 사람에게 아주 강력하게 일깨워 주었다고 합시다. 이 경우 그 사람은 이미 유능한 관리인이 되겠습니까, 아니면 그가 유능한 관리 능력을 갖추려면 그 밖에도 다른 것

을 더 배워야 합니까?'

2. 이스코마코스가 대답했습니다. '물론이지요. 그는 아직도 자신이 무슨 일을 해야 하며 그것을 언제, 어떻게 해야 하는지 알아야 합니다. 만일 그렇지 못하다면 관리인이 무슨 쓸모가 있겠습니까? 이것은 마치 의사가 환자를 일찍 방문할지 늦게 방문할지에 대해서만 신경 쓸 뿐, 어떻게 해야 환자에게 이로운지는 모르는 경우와 마찬가지입니다.'

3. 제가 다시 말했습니다. '좋습니다. 하지만 관리인이 농장 일을 어떻게 해야 하는지 배웠다면, 아직도 어떤 것을 더 필요로 하나요, 아니면 이제 그는 당신이 보기에 완전한 관리인이 된 건가요?'

그가 대답했습니다. '저는 그가 노동자들을 다스리는 일을 배워야 한다고 생각합니다.'

4. 제가 물었습니다. '그러면 당신은 관리인들을 교육해서 그들이 노동자들을 다스리는 데 유능하도록 만드나요?'

이스코마코스가 대답했습니다. '예. 적어도 그러려고 노력은 합니다.'

제가 다시 물었습니다. '당신은 어떻게 이들을 사람들의 지도자 (archikos)로 만드나요?'

그가 대답했습니다. '아주 바보 같은 방법으로요, 소크라테스여. 그래서 당신이 들으시면 웃으실지도 모르겠습니다.'

5. 제가 말했습니다. '이스코마코스여, 결코 이것은 웃을 만한 일

이 아닙니다. 왜냐하면, 아시다시피, 어떤 이들을 다른 사람들의 지도자로 만들 수 있는 사람은, 그들을 사람들의 주인(despotikos)이 되도록 가르칠 수도 있기 때문이지요. 또한, 어떤 이들을 다른 사람들의 주인으로 만들 수 있는 사람은 이들을 왕(basilikos)으로 만들 수도 있을 것입니다. 그러므로 이런 일을 할 수 있는 사람은 비웃음이 아니라 큰 칭찬을 받을 만한 사람입니다.'

6. 그가 대답했습니다. '소크라테스여, 그러면 말해보지요. 다른 동물들은 두 가지 방식—즉 불복종하려고 시도했을 때 벌을 받거나, 아니면 자발적으로 봉사했을 때 보상을 받거나—으로 복종을 배웁니다. 7. 가령 망아지들은 조련사에게 복종할 경우에 자신들에게 즐거운 것을 얻게 되지만, 불복종할 경우에는 고통을 당함으로써 조련사에게 복종하는 것을 배웁니다. 결국, 이렇게 해서 조련사의 뜻에 따라서 봉사하게 되는 것이지요. 8. 또한, 강아지는 판단력이나 표현 능력에서 사람보다 훨씬 부족합니다. 그런데도 망아지의 경우와 같은 방식으로 강아지도 원을 그리며 달리거나 공중에서 재주를 넘거나 그 밖의 여러 묘기를 배웁니다. 왜냐하면, 복종할 때에 자신이 원하는 것을 얻지만, 조련사의 명령을 소홀히 하면 벌을 받기 때문입니다. 9. 하지만 대화로써 사람들을 더 순종적으로 만들 수도 있습니다. 복종하는 것이 그들에게 도움이 된다는 것을 보여줌으로써 그렇게 된다는 것이지요. 반면 노예의 경우에는, 야생 동물에 알맞은 교육이라고 생각되는 것이 노예들을 복종하도록 가

르치는 데 매력적인 방식입니다. 왜냐하면, 그들이 원하는 음식으로 배를 잔뜩 채워 줌으로써 당신은 그들로부터 많은 것들을 끌어낼 수 있기 때문입니다. 또한, 천성적으로 명예를 좋아하는 사람들은 칭찬으로 인해 자극을 받습니다. 왜냐하면, 어떤 사람들이 음식이나 술에 대해 굶주려 있는 것에 못지않게, 이들은 본성적으로 칭찬에 목말라 하기 때문입니다. 10. 그러니까 바로 이런 일들을 함으로써, 저는 사람들을 더 잘 복종하게 하고 그들을 이용할 수 있다고 생각하는 것입니다. 하지만 저는 관리인으로 선임하고자 하는 사람들에게 다음과 같은 것들도 가르쳐서 이들의 업무를 돕기도 합니다. 즉 제가 일꾼들에게 지급해야 할 겉옷과 신발은 모두 다릅니다. 다시 말해 어떤 것은 더 좋고 어떤 것은 더 나쁩니다. 이것은 더 뛰어난 일꾼에게 더욱 나은 보상을 제공하고, 열등한 자에게는 더 보잘것없는 보상을 주기 위해서입니다. 11. 소크라테스여, 제가 이렇게 차등 대우하는 이유는 다음과 같습니다. 훌륭한 일꾼은 자기 역할을 충실히 수행했지만, 애쓰지도 않고—필요한 경우에도—위험을 무릅쓰려 하지 않은 사람들이 훌륭한 일꾼과 동일한 몫을 배당받았다고 합시다. 만일 훌륭한 일꾼이 이런 사실을 알게 되면, 저는 그가 정말로 낙담할 것으로 생각합니다. 12. 그러므로 저 자신은 더 나은 사람들이 별 볼 일 없는 사람들과 동일한 몫을 얻게 되는 일은 적절하다고 생각할 수 없으며, 저는 제 관리인이 가장 가치 있는 자에게 제일 큰 몫을 준 사실을 알게 되면, 그를 칭찬합니다. 하지만 저는 어떤 사람이 아부나 그 밖의 쓸모없는 친절로 인해 (관리인의) 호의를 얻은 것을 보면, 그것을 그냥 간과하지 않고 관리인을 꾸짖습니다. 그리고 소크라테스여, 저는 이런 과잉친절이 그 자신에게도 이득이 되지 않는다는 점을 관리인에게 가르치려고 노력합니다.'

**XIV.** 제가 말했습니다. '이스코마코스여, 당신이 관리인으로 선임한 사람이 다른 노동자들을 다스릴 능력을 갖추어서, 그들을 자신의 말에 복종시킬 경우, 당신은 이 사람이 완전한 관리인이라고 생각하십니까, 아니면 지금 당신이 말한 그 능력들을 갖추었더라도 여전히 다른 어떤 교육을 더 필요로 하나요?'

2. 이스코마코스가 대답했습니다. '신에게 맹세컨대, 소크라테스여, 그는 주인의 소유물로부터 손을 떼야 하며, 훔치지 말아야 합니다. 왜냐하면, 수확한 농작물을 관리하는 자가 그것을 몰래 빼돌려서 일꾼들에게 나누어줄 몫을 남기지 않는다면, 이런 관리인을 두어서 농사짓는 일이 무슨 이득이 있겠습니까?'

3. 제가 반문했습니다. '그러면 이와 같은 정의를 가르치는 임무도 당신 스스로 떠맡았나요?'

이스코마코스가 대답했습니다. '물론입니다. 하지만 저는 모든 사람이 이러한 가르침에 자발적으로 복종하는 것은 아니라는 사실을 발견했습니다. 4. 그런데도 저는 드라콘의 법률과 솔론의 법률 중에서 격언들을 발췌해서 노예들을 정의의 길로 인도했습니다. 왜냐하면, 저는 이 두 사람이 이와 같은 정의의 가르침에 근거해서 많은 법률을 제정했다고 생각하기 때문입니다. 5. 그들의 법률에는 "도둑질한 자는 벌금형에 처한다."라고 쓰여 있으며, "어떤 사람이 어떠어떠한 일을 하다가 잡히면 옥살이를 하게 되며, 그러한 행위를 기도한 자는 사형에 처한다."[14]라고 되어 있습니다. 이런 법률을 제정한 이유는 분명히 부정의한 자들의 비열한 탐욕이 무익하도록 만들기 위해서였습니다. 6. 저는 이러한 법률 중 일부뿐 아니라 페르시아 왕의 법률도 적용함으로써, 저의 노예들이 맡은 관리 업무를 수행하며 정의롭게 되도록 노력합니다. 7. 왜냐하면, 드라콘이나 솔론의 법은 단지 죄를 진 사람들을 벌할 뿐이지만, 페르시아 왕의 법률은 부정의한 행동을 저지른 자를 벌할 뿐 아니라 정의로운 자를 이롭게 하기 때문입니다. 따라서 정의로운 사람들이 부정의한 사람들보다 더 부유하게 되는 것을 목격하고서, 많은 사람은 비록 이득을 바라지만 부정의한 행동을 더 잘 삼갈 수 있게 되는 것입니다. 8. 하지만 좋은 대우를 받고서도 여전히 부정의를 저지르려 시도하는 사람들을 목격할 경우, 저는 그들이 도저히 치유할 수 없을 정도로 탐욕스러운 자들이라고 간주하며, 이들을 고용하는 것도 그만둡니다. 9. 반대로 어떤 사람이 정의롭게 되는 까닭이, 정의로운 행동을 통해서 더 많은 이득을 얻기 때문은 물론이고, 저로부터 칭찬받기

---

14 이 부분은 의미도 명확하지 않을뿐더러, 데모스테네스(Timocrates 113)에 의해 인용된 솔론의 법률과 일치하지도 않는다. 그래서 어떤 주석가들은 이 부분에서 원문이 훼손되지 않았나 의심한다.

를 위해서라면, 저는 그를 자유로운 자로 대우하며 부자로 만들어 줄 뿐 아니라 "훌륭하고 좋은 자"라는 명예도 수여합니다. 10. 왜냐하면, 소크라테스여, 저는 명예를 사랑하는 자와 이득을 갈망하는 자의 차이가 다음과 같은 점에 있다고 생각하기 때문입니다. 즉 명예를 사랑하는 자는 칭찬과 명예를 얻기 위해서—노력해야 하는 일에 있어서—고통을 감내하고 위험을 무릅쓰며, 부정직한 이득을 피하는 것입니다.'

**XV.** 제가 말했습니다. '이제 당신은 관리인의 마음속에, 주인에게 좋은 일들을 행하려는 욕망을 심어 놓았고, 그런 일들이 실제로 주인에게 이루어지도록 보살피는 마음을 심어 놓았고, 그 밖에도 수행되는 일 각각이 더 큰 이득을 가져오게 하는 지식을 갖게 했습니다. 또한, 당신은 그가 일꾼들을 다스릴 능력을 갖추도록 했고, 더구나 이 모든 일에 덧붙여, 토지에서 최대한 많은 농작물을 수확해서—마치 당신 스스로 농사를 지어서 수확하는 것처럼—당신에게 제공하면서 기뻐하도록 했습니다. 그러니 이제 이와 같은 관리인에게 아직 부족한 능력이 더 있는지 저도 이 이상은 묻지 않겠습니다. 왜냐하면, 제가 생각하기에, 이런 사람은 매우 쓸모 있는 관리인일 것이기 때문입니다. 하지만 이스코마코스여, 우리가 논의 과정에서 대충 넘어간 논점을 그냥 간과하지는 맙시다.'

2. 그러자 이스코마코스가 물었습니다. '그게 뭔데요?'

제가 대답했습니다. '분명히 당신은 우리가 배워야 할 가장 큰 교훈은 "어떻게 각각의 일들을 수행해야 하는가"라고 말했습니다. 또한, 만일 우리가 무슨 일을 해야 하고 어떻게 그것을 실행해야 할지를 모른다면, 관리(혹은 주의를 기울임 : epimeleia)로부터 아무런 이득도 생기지 않는다고 당신은 덧붙였죠.'

3. 이때 이스코마코스가 대답했습니다. '소크라테스여, 지금 당신은 제가 농사 기술을 모조리 가르쳐야 한다고 명령하시는 겁니까?'

제가 대답했습니다. '그렇습니다. 왜냐하면, 아마도 이런 기술이야말로, 그것을 아는 사람들을 부자로 만드는 반면, 그것을 모르는 자들은 고생만 심하게 시키고 가난한 삶을 살게 하는 묘책일 테니까요.'

4. 그가 대답했습니다. '그러면, 소크라테스여, 이제 당신은 이 기술이 사람들에게 얼마나 호의적인지 듣게 될 것입니다. 이 기술은 가장 이롭고, 일하기에도 즐거우며, 가장 뛰어나고, 신들이나 인간들에게 가장 친절합니다. 더구나 그 밖에도 이 기술은 배우기가 가장 쉽습니다. 이 어찌 빼어난(gennaios) 기술이라 하지 않을 수 있겠습니까? 우리는 동물 중에서도 아름답고, 크며, 이로우면서, 인간에게 온순한 것들을 종자가 빼어나다(gennaios)[15]고 말하는 것입니다.'

5. 제가 말했습니다. '이스코마코스여, 저는 당신이 말하고자 하

---

15 gennaios라는 단어는 본래 "출생이나 혈통이 좋음"을 의미하지만, "고상함", "정신적으로 고결함" 등으로 의미가 확장되었다. 이 말이 단순히 "뛰어난"을 뜻하는 경우도 있다.

는바―즉 어떻게 관리인을 가르칠 것인가―를 이제 충분히 깨달았다고 생각합니다. 저는 당신의 말을 듣고서, 어떻게 당신이 관리인으로 하여금 당신에게 호의를 가지도록 (또는 충성하도록) 만들며, 그가 주의 깊고 지도력이 있고, 정의로운 자가 되도록 했는지 깨달았습니다. 6. 하지만 당신이 말했습니다. 농사일을 올바르게 관리하려는 자는 자신이 무슨 일을 해야 하며 각각의 일들을 언제 그리고 어떻게 해야 하는지 배워야 한다고요. 제가 보기에는, 논의 과정에서 우리가 이 점과 관련해서는 대충 넘어간 것 같습니다. 7. 이는 마치 "받아쓰기를 하거나 쓰인 글을 읽는 능력을 습득하려는 사람은 먼저 철자법을 알아야 한다."고 말하는 것과 같습니다. 왜냐하면, 제가 "철자법을 알아야 한다"는 말을 들었을 때, 이 말을 듣고 알게 된 지식이 실제로 제가 철자법을 아는 데에는 별 도움이 되지 않을 것이라고 보이기 때문입니다. 8. 지금의 경우에도 같은 논의가 적용됩니다. 다시 말해 저도 "농사를 올바르게 관리하려는 사람은 농사술을 알아야 한다."는 점은 쉽게 이해합니다. 하지만 그런 사실을 안다고 해서 실제로 제가 농사를 어떻게 지어야 하는지 더 잘 알게 되는 것은 아닙니다. 9. 바로 이 순간 제가 농사를 지어야겠다고 결심한다면, 저는 마치 어떤 것이 환자에게 도움이 되는지도 모르면서 여기저기 다니면서 환자를 왕진하는 의사와 같게 될 것입니다. 따라서 당신이 저를 이렇게 엉터리로 만들지 않으려면, 저에게 농사의 실제 운영방법을 가르쳐 주세요.'

10. 이스코마코스가 대답했습니다. '소크라테스여, 농사는 다른 기술들과 다릅니다. 다른 기술들의 경우에는, 그 기술을 배우는 자가 자기 일로 생계를 유지할 수 있을 정도에 이르려면 기력이 소진됩니다. 반면 농사는 배우기가 그렇게 어렵지 않습니다. 어떤 농사 기술의 경우에는 당신은 일하는 사람들의 모습을 보고 따라 할 수 있고, 다른 사람의 말을 듣고서 곧장 배울 수 있는 기술도 있으며, 이렇게 해서 당신이 원할 경우 다른 사람에게 농사술을 가르쳐 줄 수도 있습니다. 제가 생각하기에는, 당신도 스스로 많은 농사 기술을 알고 있으면서도 그 사실을 까맣게 잊어버리고 계신 듯합니다. 11. 사실 다른 기술자들은 그들 각자가 가진 최고의 기술은 어느 정도 숨깁니다. 반대로 농작물을 가장 잘 심는 자는 다른 사람들이 그의 모습을 지켜볼 때 가장 즐거워합니다. 마찬가지로 씨를 가장 잘 뿌리는 사람도 동일한 일에 즐거움을 느낍니다. 만일 당신이 그에게 가장 잘 이루어진 일이 무엇이냐고 물으면, 그는 숨김없이 자신이 어떻게 일했는지 밝힐 겁니다. 12. 소크라테스여, 이처럼 농사는 그것에 종사하는 사람들의 성품을 가장 고결하게 만들어 주는 듯합니다.'

13. 제가 말했습니다. '정말로 훌륭한 서론이군요. 더구나 당신의 답변은 듣는 사람의 궁금증을 회피하지도 않는군요. 좋습니다. 농사술이 배우기 쉽다고 말씀하시니, 더더욱 당신께 요청합니다. 저에게 그 기술을 상세히 일러 주세요. 이렇게 쉬운 것을 가르치는 일이

당신에게는 수치가 아니겠지만, 제가 만일 그것을 알지 못한다면 그것은 저에게 엄청나게 수치스러운 일이기 때문입니다. 특히 그 일이 유용하다면 더욱 그렇겠죠.'

**XVI.** 이스코마코스가 말했습니다. '소크라테스여, 그러면 우선 저는 농사에서 가장 복잡하다는 것이, 실은 그리 어렵지 않다는 점을 당신에게 증명하고자 합니다. 이런 이야기를 하는 사람들은 글로는 농사를 아주 정확하게 상술하지만, 실제로 농사 경험은 거의 없는 자들이거든요. 2. 그들은 주장하기를, 올바르게 농사를 지으려는 사람은 제일 먼저 토지의 본성을 알아야 한다고 합니다.'

제가 맞장구쳤습니다. '그 사람들의 말이 옳습니다. 왜냐하면, 땅이 어떤 작물을 생산할 수 있는지 알지 못하는 사람은, 제가 보기에는, 어떤 씨를 뿌려야 하고 어떤 식물을 심어야 할지 알 수 없을 테니까요.'

3. 그러자 이스코마코스가 말했습니다. '그다음에 당신은 다른 사람의 땅에서 기르는 과실과 나무를 관찰함으로써, (당신의 땅에도) 어떤 것을 재배할 수 있고 어떤 것을 심을 수 없는지 알 수 있습니다. 이것을 깨닫고 나면, 다시는 신들과 다툴 필요가 없습니다. 왜냐하면, 토지에 잘 맞는 것을 재배하기보다 경작자 자신이 원하는 작물을 파종하고 심으면 더 많이 수확하지 못할 것이기 때문입니다. 4. 한편 토지를 소유한 사람이 게을러서, 그 토지가 어떤 가능성을 가졌는지 알지 못한 경우, 우리는 이웃의 땅 주인보다 이웃의 농

토에서 종종 더 정확한 정보를 얻을 수 있습니다. 5. 설령 황량하게 버려져 있더라도, 땅은 자신의 본성을 드러냅니다. 왜냐하면, 거기에서 야생 식물이 잘 자라는 경우, 그 땅을 잘 가꿈으로써 훌륭한 작물을 생산해 낼 수 있기 때문입니다. 결국, 이처럼 토지의 본성은 농사를 전혀 지어본 경험이 없는 신참자라도 파악할 수 있습니다.'

6. 제가 말했습니다. '이스코마코스여, 이제 저도 충분히 용기를 얻은 것 같습니다. 그러니까 저는 두려워할 필요도 없고, 토지의 본성을 모른다고 해서 농사를 멀리할 필요도 없는 것이군요. 7. 실로 저는 어부들의 경우를 상기합니다. 그들은 바다에서 일하는 사람들이지만, 구경하려고 배를 멈추는 일도 없으며 배를 천천히 모는 일도 없습니다. 하지만 농장 옆을 쏜살같이 지나치다가 땅 위의 농작물을 볼 경우, 그들은 토지에 대해 자신의 견해를 표시하는 데 주저하지 않습니다. 그래서 어떤 땅이 좋고 어떤 땅이 나쁜지 이야기하며, 어떤 땅에 대해서는 비난하고 다른 경우에는 칭찬합니다. 더구나 저는 어부들이 좋은 땅에 대해서 가지는 견해가 농사일에 경험 많은 사람의 견해와 대부분 일치한다는 사실을 목격했습니다.'

8. 그가 말했습니다. '그러면, 소크라테스여, 저는 농사일에 관해서 당신의 기억을 상기시켜 드리겠습니다. 어떤 것부터 상기시켜 드릴까요? 이렇게 말씀드리는 이유는, (농사술에 관해) 이미 많은 것을 아는 당신께 제가 농사를 어떻게 지어야 할 지 말씀드릴 것이기 때문입니다.'

9. 제가 대답했습니다. '이스코마코스여, 저는 다음과 같은 내용을 제일 먼저 기꺼이 배우고 싶습니다. 즉 제가 밀과 보리를 최대한 많이 수확하고자 할 때, 어떻게 땅을 경작해야 하는지요? 왜냐하면, 철학 하는 사람에게는 그 무엇보다 배우는 일이 우선이니까요.'

10. 그가 말했습니다. '당신은 씨를 뿌리기 위해서는 먼저 밭갈이를 해야 한다는 사실을 알고 있지요?'

11. 제가 대답했습니다. '물론 알고 있습니다.'

그가 다시 물었습니다. '우리가 겨울에 땅을 쟁기질하기 시작하나요?'

제가 대답했습니다. '그러면 땅이 진흙탕이 될 텐데요.'[16]

그가 물었습니다. '아니면 여름에 밭갈이하는 것이 좋을 것으로 생각하십니까?'

제가 대답했습니다. '그러면 땅이 너무 딱딱해져서 쟁기질하기 힘들 겁니다.'

12. 그가 말했습니다. '그렇다면 아마도 이런 일을 시작하기에는 봄이 가장 알맞겠군요.'

제가 대답했습니다. '그렇습니다. 아마도 이맘때쯤 땅을 일구는 일이 가장 쉬우니까요.'

이스코마코스가 말했습니다. '그리고 소크라테스여, 이맘때쯤

---

16 희랍의 기후는 지중해성 기후여서, 겨울에는 비가 오지만 여름에는 고온 건조하다.

땅을 뒤덮는 풀을 토지에 비료로 제공할 수 있습니다. 하지만 씨를 뿌리지 않으면 자라지도 않을 것입니다. 13. 한편 제가 생각하기에, 당신은 다음 사실도 알고 계실 겁니다. 즉, 만일 새로운 땅이 훌륭한 토지가 되려면, 관목들(또는 잡초)을 깨끗하게 벌초한 후 태양에 바짝 말려야 한다는 것이죠.'

제가 대답했습니다. '물론입니다. 저도 이렇게 하는 것이 정말로 필요하다고 생각합니다.'

14. 이스코마코스가 다시 물었습니다. '땅을 그렇게 만드는 데, 여름에 가능한 한 자주 흙을 뒤집어 주는 일 이외에 더 좋은 방법이 있다고 생각하십니까?'

제가 말했습니다. '관목들(혹은 잡초)이 지면 위에 노출되어 열기에 의해 말라버리는 동시에, 흙이 태양열에 의해 살균되도록 하려면, 그 땅을 한여름 대낮에 쟁기로 일구어 주는 일보다 더 좋은 방법이 없다는 사실을 저도 명확히 알고 있습니다.'

15. 그가 다시 물었습니다. '만일 사람들이 땅을 파서 휴한(休閑)을 준비하려면, 이들 또한 벌초한 관목을 흙과 분리시켜야 함이 당연하지 않겠습니까?'

제가 대답했습니다. '그렇습니다. 그들은 잡초가 말라버리도록 땅 위에 던져 놓아야 하며, 흙을 일구어서 땅속까지 살균되도록 해야 합니다.'

**XVII.** 이스코마코스가 말했습니다. '소크라테스여, 이제 당신

과 제가 개간지에 대해 같은 생각을 가지게 되었다는 사실을 당신도 알 겁니다.'

제가 말했습니다. '그런 것 같군요.'

이스코마코스가 다시 말했습니다. '이제는 씨 뿌리는 시기에 대해 논의해 봅시다, 소크라테스여. 파종하기에 가장 좋은 시기란 모든 선구자가 경험하여 체득했고, 요새 농사를 짓는 사람들도 모두 가장 좋은 시점이라고 판단하는 바로 그때임을 당신은 알고 계십니까? 2. 왜냐하면, 가을이 오면, 사람들은 모두 신을 쳐다보면서, 언제 땅에 비를 내려 주시어 파종을 허락할 것인지 궁금해하기 때문입니다.'

제가 말했습니다. '그렇습니다, 이스코마코스여. 모든 이들은 피할 수만 있다면 마른 땅에 제멋대로 파종하지 않으리라 결심합니다. 신의 명령을 기다리지 않고 그 이전에 씨를 뿌리는 자들은 많은 난관과 맞서 싸워야 함이 분명하기 때문이지요.'

3. 이스코마코스가 말했습니다. '그러면 여기까지는 우리를 포함해서 모든 사람이 동의했습니다.'

제가 대답했습니다. '예. 신이 가르치는 것에 있어서는 모두가 같은 의견을 가지게 되니까요. 가령 모든 사람은, 가능하기만 하면 겨울에 두꺼운 옷을 입는 것이 낫다고 생각합니다. 또한, 나무를 가지고 있으면, 불을 피우는 것이 바람직하다고 모든 사람이 생각하지요.'

4. 이스코마코스가 말했습니다. '하지만 소크라테스여, 파종하는 시기에 관해서는 많은 사람이 견해를 달리합니다. 즉 씨를 일찍 뿌리는 것이 가장 좋은지, 아주 늦게 뿌리는 것이 나은지, 아니면 어중간한 시기에 뿌리는 것이 최선인지가 문제이죠.'

제가 대답했습니다. '그렇지만 신은 일정한 법칙에 따라서 한 해를 이끌어 나가는 대신, 어떤 해에는 아주 일찍 파종하는 것을 가장 좋게 만들고, 다른 해에는 아주 늦게 파종하는 것을 좋게 하며, 또 다른 해에는 어중간한 때에 파종하는 것을 좋게 합니다.'

5. 이스코마코스가 물었습니다. '그러면, 소크라테스여. 당신은, 씨앗을 많이 파종하건 적게 파종하건 관계없이, 앞서 언급한 시기 중 어느 하나를 택해서 씨를 뿌리는 편이 더 낫다고 생각하시나요? 아니면 아주 일찍 파종을 시작해서 매우 늦은 시점까지 계속 씨를 뿌려야 한다고 생각하시나요?'

6. 제가 대답했습니다. '이스코마코스여, 제가 볼 때는, 파종 시기 내내 계속 씨를 뿌리는 편이 낫다고 생각됩니다. 왜냐하면, 저는 어떤 때는 곡식이 너무 많고 다른 때는 곡식이 충분치 못한 것보다는, 늘 충분한 곡식을 얻는 편이 훨씬 더 낫다고 생각하기 때문입니다.'

이스코마코스가 다시 말했습니다. '소크라테스여, 그러니까 이 문제에 대해서도 배우는 당신과 가르치는 제가 다시 동일한 의견을 가지게 되었군요. 게다가 학생인 당신이 저보다 먼저 자신의 견해를 피력했네요.'

7. 제가 물었습니다. '씨를 뿌리는 일이 복잡한 작업입니까?'

이스코마코스가 다시 말했습니다. '소크라테스여, 이 문제에 대해서도 반드시 조사해 봅시다. 씨는 손으로 뿌려야 한다는 사실을 당신도 알고 계시겠지요?'

제가 대답했습니다. '물론입니다. 씨 뿌리는 일을 본 적이 있으니까요.'

이스코마코스가 다시 말했습니다. '하지만 어떤 사람들은 씨를 고르게 뿌릴 수 있지만, 그렇게 못 하는 사람들도 있습니다.'

제가 대답했습니다. '그렇다면 키타라 연주자와 마찬가지로 씨 뿌리는 사람도 연습해야겠군요. 그래서 손이 자신의 의지에 따라 잘 움직이도록 말이지요.'

8. 그가 말했습니다. '물론 그렇습니다. 하지만 어떤 흙은 더 가볍지만, 더 무거운 흙도 있다고 가정해 보시겠습니까?'

제가 반문했습니다. '그게 무슨 말씀인가요? 여기서 '더 가볍다(leptomeros)'는 말은 '(지력이) 더 약하다(asthenesteros)'를 뜻하는 반면, '더 무겁다(pachyteros)'는 '(지력이) 더 강하다(ischyroteros)'를 의미하는 것인가요?'

그가 대답했습니다. '그렇습니다. 그리고 당신께 묻겠습니다. 당신은 두 종류의 땅에 같은 양의 씨앗을 파종하겠습니까? 아니면 둘 중 어느 곳에 더 많은 씨앗을 파종하시겠나요?'

9. 제가 대답했습니다. '더 강한 술에는 물을 더 많이 타야 하고,

사람들에게 짐을 지워야 할 경우, 더 강한 사람에게 더 무거운 짐을 지우는 것이 옳다고 저는 생각합니다. 그리고 만일 어떤 사람들에게 먹을 것을 공급해야 하면, 능력 있는 사람들에게 더 많은 사람을 먹여 살리라고 저는 명합니다. 하지만 저에게 가르쳐 주세요. 쟁기 끄는 짐승들처럼, 지력이 약한 땅에 더 많은 종자를 심을 경우 그 땅도 강한 땅이 될 수 있는지 알고 싶습니다.'

10. 그러자 이스코마코스가 웃으며 말했습니다. '소크라테스여, 지금 농담하고 계시군요. 당신도 잘 알고 계실 겁니다. 땅에 씨를 뿌린 후, 토지가 하늘로부터 많은 양분을 공급받아 씨앗에서 떡잎이 생길 때 땅을 다시 갈아주면, 이것이 흙에 영양을 공급해서 마치 거름을 뿌린 것처럼 땅을 강하게 만들어 줍니다. 반면 씨앗이 땅속에서 계속 자라서 결국 열매를 맺을 때까지 그냥 내버려둘 경우, 지력이 약한 땅에서는 마침내 많은 결실을 거두기는 힘듭니다. 마치 약한 암퇘지가 건강한 돼지 새끼들을 많이 낳는 일이 어려운 것과 마찬가지이지요.'

11. 제가 물었습니다. '이스코마코스여, 그러면 지력이 약한 땅일수록 더 적은 양의 씨앗을 뿌려야 한다는 말인가요?'

그가 대답했습니다. '물론 그렇습니다, 소크라테스여. 당신도 이에 동의하실 겁니다. 왜냐하면, 당신은 약한 사람에게는 항상 더 가벼운 일들을 명령해야 한다고 말씀하셨으니까요.'

12. 제가 물었습니다. '하지만 이스코마코스여, 당신은 무슨 목적

으로 제초하는 사람들을 곡물 심은 곳에 투입합니까?'

이스코마코스가 말했습니다. '겨울에 큰비가 온다는 사실은 당신도 아실 겁니다.'

제가 반문했습니다. '어떻게 그 사실을 모를 수 있겠습니까?'

그가 말했습니다. '그러면 곡물 일부가 호우로 인해 침수되고 진흙으로 뒤덮이고, 홍수로 인해서 곡물의 뿌리가 밖으로 드러났다고 가정해 봅시다. 때때로 호우로 인해서 곡물 가운데서 잡초가 함께 자라서, 곡물의 성장을 저해하는 경우가 발생합니다.'

13. 제가 말했습니다. '이 모든 일이 실제로 발생하는 듯하군요.'

그가 말했습니다. '그러면 이럴 때 곡물은 즉시 구제해줄 사람이 필요하다고 생각하지 않습니까?'

제가 대답했습니다. '물론 그렇겠지요.'

이스코마코스가 다시 물었습니다. '진흙에 파묻힌 부분을 살리려면 어떤 일을 해야 한다고 생각하시나요?'

제가 대답했습니다. '흙을 털어내야겠지요.'

이스코마코스가 다시 물었습니다. '그러면 뿌리가 흙 표면 밖에 드러난 경우는 어떻습니까?'

제가 대답했습니다. '흙을 덮어주어야 합니다.'

14. 이스코마코스가 물었습니다. '잡초가 곡물과 함께 자라난다고 가정해 봅시다. 마치 아무짝에도 쓸모가 없는 수벌이 꿀벌로부터 양식—꿀벌이 열심히 일해서 쌓아 둔—을 강탈하듯이, 잡초가

곡물의 양분을 앗아간다면 어떻게 해야겠습니까?'

제가 대답했습니다. '신에게 맹세컨대, 잡초를 뽑아내야 합니다. 마치 수벌을 벌집으로부터 쫓아내야 하는 것처럼 말입니다.'

15. 이스코마코스가 물었습니다. '그러면 이제 당신도 제초하는 사람들을 곡물 심은 곳에 보내는 일이 적절하다고 생각하시지요?'

제가 대답했습니다. '물론입니다. 그런데 이스코마코스여, 저는 적절하게 비유를 제시하는 것이 얼마나 큰 도움이 되는지 곰곰이 생각하고 있었습니다. 왜냐하면, 당신이 그냥 잡초만 말씀하시는 것 보다는, 수벌에 비유해 말해서 저에게 잡초에 대한 적개심을 훨씬 더 많이 고취하셨기 때문입니다.'

**XVIII.** 제가 계속 이어 말했습니다. '그런데 위와 같은 일이 끝나면, 수확할 때가 될 것이라고 생각됩니다. 따라서 이와 관련해서도 당신이 알고 있는 정보를 저에게 가르쳐 주시기를 부탁합니다.'

이스코마코스가 대답했습니다. '그러지요. 물론 이 주제와 관련해서 제가 아는 것과 동일한 정보들을 당신이 이미 알고 계신다고 보이지 않는다면 말입니다. 당신은 다 익은 곡식을 베어내야 한다는 사실을 알고 계실 겁니다.'

제가 대답했습니다. '당연히 알고 있지요.'

이스코마코스가 물었습니다. '당신은 바람을 등지고 곡식을 낫 같이 하나요, 아니면 바람 부는 방향을 마주 보고 그렇게 하나요?'

제가 대답했습니다. '저는 바람을 마주 보고 곡식을 베지 않습니다. 왜냐하면, 수확할 때 지푸라기나 이삭 등이 얼굴에 날아들어 눈과 손에 불편을 끼칠 것으로 생각하기 때문입니다.'

2. 그가 다시 물었습니다. '당신은 곡식을 베어낼 때 위쪽을 베나요, 아니면 땅 가까운 쪽을 베나요?'

제가 대답했습니다. '줄기가 짧은 경우, 저는 아래쪽을 베어냅니다. 그렇게 해야 곡식단이 더 유용하게 될 테니까요. 반면 줄기가 길 경우, 저는 중간쯤을 베어내는 것이 옳다고 생각합니다. 이렇게 해야 타작하는 사람이나 키질하는 사람들이 자신이 원하지도 않는 것을 가지고 쓸데없이 수고하지 않으니까요. 저는 자르고 남은 밑단에 불을 놓으면 토양에 도움이 될 것이고, 거름 더미에 쌓아 두면 거름의 양을 증대하는 데 기여할 것으로 생각합니다.'

3. 이스코마코스가 말했습니다. '소크라테스여, 당신은 수확과 관련해서 제가 알고 있는 것과 똑같은 정보를 당신 스스로 가지고 있다는 사실을 지금 현장에서 들켰다는 것을 아십니까?'

제가 대답했습니다. '아마도 그런 것 같군요. 하지만 제가 타작에 대해서도 알고 있는지 조사해 보고 싶습니다.'

이스코마코스가 말했습니다. '당신은 쟁기 끄는 짐승이 곡식 타작에 사용된다는 사실을 알고 계시겠지요.'

4. 제가 대답했습니다. '어떻게 그것도 모를 수 있겠습니까? "쟁기 끄는 짐승"이라고 지칭되는 가축에는 소, 노새, 말이 포함되지요.'

이스코마코스가 다시 물었습니다. '당신은 그 짐승들이 아는 것

이라고는 고작 사람의 손에 이끌려 곡식 위를 밟고 지나가는 일뿐이라고 생각하시지요?'

제가 대답했습니다. '쟁기 끄는 짐승들이 그것 말고 또 무엇을 알겠습니까?'

5. 이스코마코스가 말했습니다. '소크라테스여, 마당질하는 짐승이 타작해야 할 곡식을 제대로 밟고 있는지, 타작이 고르게 진행되는지는 누가 돌보나요?'

제가 대답했습니다. '물론 타작하는 사람들이지요. 이들은 아직 타작하지 않은 곡식단을 이리저리 돌려 짐승들의 발밑에 놓음으로써, 늘 타작 마당을 고르게 하며 일도 금방 끝내는 것입니다.'

이스코마코스가 말했습니다. '여기까지는 당신도 제가 아는 것에 못지않은 지식을 가지시는군요.'

6. 이때 제가 물었습니다. '이스코마코스여, 그다음에 우리가 할 일은 곡식을 키질하여 깨끗하게 걸러내는 일이 아니겠습니까?'

이스코마코스가 말했습니다. '그렇습니다, 소크라테스여. 그러면 말해 보세요. 바람을 마주 보고 타작 마당에 서서 키질을 시작하면, 왕겨가 마당 전체에 고루 떨어질 것이라는 사실을 당신도 알고 계시나요?'

제가 말했습니다. '당연하지요.'

7. 이스코마코스가 물었습니다. '이들 중에서 곡식 위로 떨어지는 것들도 있을 법하지요?'

제가 대답했습니다. '그렇겠지요. 왕겨가 곡식을 넘어 마당 빈 곳까지 날아가려면 많은 거리를 움직여야 할 테니까요.'

이스코마코스가 다시 물었습니다. '그러면 바람을 등지고 키질을 시작하면 어떻게 될까요?'

제가 대답했습니다. '물론 왕겨는 곧바로 왕겨 쌓아 두는 곳으로 떨어지겠지요.'

8. 그가 말했습니다. '곡식을 깨끗하게 걸러내서 타작 마당의 절반 정도가 찰 때까지 계속했다고 합시다. 그 후에 당신은 걸러낸 곡식을 그대로 둔 채 곧바로 나머지 왕겨를 키질하겠습니까, 아니면 깨끗하게 걸러진 낱알을 우선 구석에 모아서 아주 적은 공간을 차지하도록 하시겠습니까?'

제가 대답했습니다. '저는 우선 깨끗한 낱알들을 한데 쓸어 모아서, 왕겨가 (낱알과 섞이지 않고) 마당 빈 곳에 떨어질 수 있도록 하겠습니다. 그렇게 해야, 같은 왕겨를 두 번 키질하지 않아도 될 테니까요.'

9. 이스코마코스가 말했습니다. '소크라테스여, 그러면 당신은 가장 빨리 곡식을 깨끗하게 걸러낼 수 있을 겁니다. 그리고 당신은 이 기술이 다른 사람에게 가르쳐 줄 수도 있을 것으로 생각되는군요.'

제가 대답했습니다. '제가 이런 것들을 알고 있으리라고는 저 자신도 미처 몰랐습니다. 예전에 저는 혹시 제가 금을 제련하는 기술이나 플루트를 부는 기술 혹은 그림 그리는 기술을 알고 있으면서,

이 사실을 망각하고 있지 않은가 생각해 본 일이 있지요. 아무도 이런 일들을 저에게 가르쳐 준 일이 없거든요. 물론 농사일을 가르쳐 준 사람도 없었지만요. 하지만 저는 농사짓는 사람들을 본 일이 있는 것과 마찬가지로, 앞서 언급한 직업에 종사하는 사람들을 본 적도 있습니다.'

10. 그러자 이스코마코스가 반문했습니다. '제가 얼마 전에 당신에게 말씀드리지 않았던가요? 농사술은 그것이 배우기 쉽다는 점에서 가장 고상한(gennaiotate) 기술이라는 점 말입니다.'

제가 대답했습니다. '알겠습니다, 이스코마코스여. 저는 씨 뿌리는 일에 관해서 이미 앎을 가지고 있었지만 제가 안다는 사실을 망각하고 있었던 겁니다.'

**XIX.** 제가 계속 말했습니다. '그러면 과일나무를 심는 일도 농사술의 일종인가요?'

이스코마코스가 대답했습니다. '그렇습니다.'

제가 다시 물었습니다. '그렇다면 어떻게 제가 씨 뿌리는 일에 관해서는 알고 있으면서 나무 심는 일에 관해서는 모를 수가 있나요?'

2. 이스코마코스가 반문했습니다. '당신이 그것을 모르고 계시다고요?'

제가 대답했습니다. '어떻게 제가 나무 심는 법을 알겠습니까? 저는 어떤 땅에 나무를 심어야 하는지도 모르고, 구덩이를 얼마나 깊이, 얼마만큼의 폭으로 파야 하는지도 모르며, 식물을 얼마나 깊이 심어야 하는지도 모르고, 나무가 땅속에 어떻게 자리 잡아야 가장 잘 성장하는지도 알지 못하는 사람인데 말입니다.'

3. 이스코마코스가 대답했습니다. '자! 그러면 당신이 무엇을 모르고 있는지 알아내 보세요. 사람들이 식물을 심으려고 파 놓은 구덩이를 당신도 보았을 것이라고 저는 확신합니다.'

제가 대답했습니다. '여러 번 보았지요.'

이스코마코스가 물었습니다. '당신은 3피트 이상 파 놓은 구덩이를 본 일이 있나요?'

제가 대답했습니다. '신에게 맹세컨대 그런 경우는 없지요. 2.5피트 깊이로 파 놓은 구덩이도 본 적이 없습니다.'

이스코마코스가 다시 물었습니다. '그러면, 너비 3피트 이상의 구덩이를 본 일이 있나요?'

제가 대답했습니다. '신에게 맹세코 없습니다. 2피트짜리도 없거든요.'

4. 이스코마코스가 말했습니다. '자! 그러면 저에게 다음 질문도 답해 주세요. 깊이가 1피트도 되지 않는 구덩이를 보신 일이 있나요?'

제가 대답했습니다. '깊이가 1.5피트 이하인 구덩이는 본 일이 없습니다. 왜냐하면, 나무를 그렇게 너무 얕게 심어 놓으면 심어 놓은 부분이 땅 밖으로 튀어나올 수도 있기 때문입니다.'

5. 그러자 이스코마코스가 말했습니다. '소크라테스여, 당신은 다

음 사실을 충분히 아시는 듯하군요. 즉 구덩이의 깊이는 2.5피트보다 더 깊어서는 안 되며, 1.5피트보다 더 얕아서도 안 된다는 점 말이지요.'

제가 대답했습니다. '그것은 누가 보기에도 명약관화합니다.'

6. 이스코마코스가 다시 물었습니다. '당신은 눈으로 보고서 더 마른 땅과 더 젖은 땅을 구별할 수 있습니까?'

제가 대답했습니다. '제가 생각하기에, 뤼카비토스 부근의 땅이나 그 비슷한 토양은 건조한 토양이지만, 팔레론 습지의 땅이나 그와 비슷한 곳은 축축한 토양인 듯합니다.'

7. 이스코마코스가 물었습니다. '나무를 심으려 할 때, 당신은 마른 땅에 더 깊은 구덩이를 파시겠습니까, 아니면 젖어 있는 땅에 더 깊은 구덩이를 파시겠습니까?'

제가 대답했습니다. '물론 마른 땅에 더 깊은 구덩이를 파겠죠. 만일 젖어 있는 땅에 깊은 구덩이를 파면, 물이 나와서 나무를 심을 수 없게 될 테니까요.'

이스코마코스가 말했습니다. '당신의 말이 옳아 보입니다. 그러면 이제 구덩이를 다 팠다고 가정해 봅시다. 당신은 각각의 나무가 어떻게 놓여야 하는지 본 적이 있나요?'

제가 대답했습니다. '물론이지요.'

8. 이스코마코스가 말했습니다. '그러면 당신이 나무를 가능한 한 빨리 키우고 싶다고 해 봅시다. 당신은 미리 준비해 놓은 부드러

운 흙을 나무 밑에 깔아 놓을 경우, 꺾꽂이의 싹이 부드러운 흙으로부터 단단한 흙에 이르기까지 빨리 자랄 것으로 생각하십니까, 아니면 맨땅에 그냥 심어 놓으면 더 빨리 자랄 것으로 생각하십니까?'

제가 대답했습니다. '그거야 물론 맨땅에 그냥 심는 편보다는 부드러운 흙을 깔아 놓고 그 위에 심으면 빨리 자라나겠지요.'

9. 이스코마코스가 말했습니다. '그러면 흙이 나무 밑에 깔려야 하겠죠?'

제가 대답했습니다. '그거야 말할 필요도 없죠.'

이스코마코스가 다시 물었습니다. '그러면 당신이 꺾꽂이 전체를 똑바로 세워서 하늘을 향하게 할 때 그 나무가 더 잘 뿌리 내리고 자랄 것으로 생각하시나요? 아니면 그 나무를 밑에 깔린 흙 속에 비스듬히 심어서 마치 글자 감마($\Gamma$)를 거꾸로 세워 놓은 것처럼 심으시겠습니까?'

10. 제가 대답했습니다. '신에게 맹세코 저는 나무를 비스듬히 심을 것입니다. 왜냐하면, 그렇게 할 경우에 땅속에서 더 많은 싹이 돋아날 것이니까요. 저는 땅 위에서 싹이 돋아나서 성장하는 식물을 본 적이 있습니다. 따라서 땅속에서도 싹이 동일한 일을 할 것으로 생각합니다. 즉 땅속에서 많은 싹이 자라날 경우, 그 식물은 빠르고 강하게 자라날 것이라고 믿습니다.'

11. 이스코마코스가 말했습니다. '결국, 이 점에서도 당신이 저와 동일한 견해를 가지고 있음이 드러나는군요. 그런데 당신은 나무

위에 흙을 그냥 덮어주고 말 것인가요, 아니면 나무 주변에 흙을 잘 덮어서 단단히 다져 줄 것인가요?'

제가 대답했습니다. '물론 흙을 잘 다져 주겠지요. 왜냐하면, 저는 흙을 단단히 다져 주지 않을 경우, 다져지지 않은 흙이 비로 인해서 진흙탕이 될 것이고, 태양에 의해서 땅속까지 단단하게 굳을 것을 잘 알고 있기 때문입니다. 그렇게 되면 식물이 습기로 인해 썩게 되거나 혹은 뿌리가 너무 뜨거워져서 말라붙게 될 것입니다.'

12. 이스코마코스가 말했습니다. '소크라테스여, 이렇게 해서 포도나무 심는 일에 관해서도 당신의 생각이 저의 견해와 완전히 일치하게 되었습니다.'

제가 물었습니다. '그런데 같은 방법이 무화과나무 심는 일에도 적용되나요?'

이스코마코스가 대답했습니다. '저는 이 방법이 다른 모든 과일나무에도 적용된다고 생각합니다. 포도나무 심는 데 좋은 결과를 가져온 방법이 다른 나무를 심는데 어떻게 부적절할 것이라고 보십니까?'

13. 제가 다시 물었습니다. '그런데 이스코마코스여, 올리브 나무는 어떻게 심어야 할까요?'

이스코마코스가 대답했습니다. '당신은 다 잘 알고 계시면서도 저를 시험해 보려고 하시는군요. 올리브 나무를 심으려면 구덩이를 더 깊이 파야 한다는 사실—올리브 나무는 대개 길가에 심으니까 당신도 보셨겠지요—을 당신도 아시지 않습니까? 또한, 당신은 모든 접붙이용 가지는 줄기에 접목된다는 사실을 알고 계실뿐더러, 모든 꺾꽂이용 가지의 머리 부분에 흙이 놓여야 하며, 모든 식물의 윗부분을 둘러싸 주어야 한다는 사실도 아실 겁니다.'

그리스 에비아 섬의 올리브나무

14. 제가 대답했습니다. '저도 이 모든 것들을 압니다.'

이스코마코스가 반문했습니다. '당신이 그것을 알고 계신다면, 이런 일 중 무엇을 모르신다는 말인가요? 소크라테스여, 혹시 당신은 흙 위에 토기 조각을 어떻게 놓을 것인지 알지 못하시나요?'

제가 대답했습니다. '신에게 맹세컨대, 이스코마코스여, 당신이 말씀하신 것 중 어떤 것도 저는 모르는 바가 없습니다. 하지만 조금 전에 당신이 저에게 "나무 심는 법을 아십니까?"라고 간략하게 질문을 던졌을 때, 제가 어떤 이유로 "아니오"라고 대답했는지 저로서도 다시 생각해 보고 있습니다. 제가 이렇게 말한 이유는 나무를 어떻게 심어야 하는지를 저 자신이 아무것도 말할 수 없다고 생각했기 때문이죠. 하지만 당신이 이렇게 저에게 하나하나 질문을 던져서 저로 하여금 대답하게 하시니, 지금 당신이 말씀하시는 것처럼,

저의 답변이 유능한 농부라고 칭송되는 당신의 견해와 일치하게 되었군요. 15. 그렇다면, 이스코마코스여, 질문도 가르침의 일종이라고 말할 수 있을까요? 이제 저도 당신이 무슨 목적으로 각각의 질문들을 저에게 던졌는지 깨닫게 되었습니다. 당신은 제가 잘 알고 있는 것들을 통해 저를 인도해서, 이들과 유사한 것들을 저에게 보여 줌으로써, 제가 모르고 있다고 생각하던 것들을 사실은 알고 있다고 생각하도록 설득했습니다.'

16. 이스코마코스가 말했습니다. '그러면 제가 이번에는 돈과 관련해서 그것이 좋은 것인지 아닌지 물었다고 해 봅시다. 이렇게 물음으로써, 제가 당신을 설득해서 당신이 진짜 돈을 위폐로부터 구별해 낼 수 있다고 믿게 할 수 있을까요? 또한, 제가 플루트 주자에 대한 질문을 던짐으로써, 당신 자신이 플루트를 불 수 있다고 생각하도록 설득시키거나, 화가 또는 그 밖의 다른 예술가에 대해 질문을 던짐으로써 당신이 이런 기술들을 가지고 있다고 믿게 할 수 있을까요?'

제가 대답했습니다. '아마도 그렇겠지요. 왜냐하면, 저는 저 자신이 누구로부터도 농사술을 배운 적이 없음을 알고 있지만, 당신이 저를 설득시켜서 농사짓는 법을 알고 있다고 믿게 하였으니까요.'

17. 그러자 이스코마코스가 대답했습니다. '아니요, 그렇지 않습니다, 소크라테스여. 제가 조금 전에 당신께 말씀드리지 않았습니까? 농사는 정말로 친인간적이고 온화한 기술이기 때문에, 농사에

관해 보거나 들으면 곧바로 농사를 알게 된다는 말입니다. 18. 또한, 농사는 우리가 그것을 어떻게 해야 가장 잘 이용할 수 있는지와 관련해서도 우리에게 많은 가르침을 줍니다. 가령 포도 덩굴은 가까이에 나무가 있으면 그 나무 위를 기어 올라갑니다. 따라서 우리는 포도 덩굴에 지지대가 필요하다는 사실을 배우게 되는 것입니다. 또한, 포도송이가 아직 부드러울 때는, 그 주위에 포도나무 잎

올리브 수확 (기원전 520년경)

이 펼쳐지는데, 이런 현상은 이맘때쯤에는 태양광선에 노출되는 부분을 그늘지게 해 주어야 한다는 점을 가르쳐 줍니다. 19. 하지만 포도 열매가 햇빛의 영향에 의해 달콤해질 때가 오면, 포도 덩굴은 나뭇잎을 떨굽니다. 이로써 잎들을 떼어 내어 열매를 익게 하도록 가르칩니다. 한편 포도 덩굴은 포도를 풍부하게 생산함으로써, 단 포도송이를 열매 맺기도 하지만, 신 포도 열매를 생산하는 경우도 있습니다. 이로써 무화과 열매를 딸 때와 마찬가지로, 항상 잘 익은 열매를 딸 것을 가르칩니다.'

**XX.** 이때 제가 물었습니다. '이스코마코스여, 농사와 관련된 일들이 이렇게 쉬워서 모든 사람이 해야 할 일을 하나같이 다 잘 안

다면, 어떻게 모든 사람이 똑같이 좋은 결실을 얻지 못할 수 있습니까? 다시 말해 어떻게 해서 어떤 사람들은 아주 풍족하게 살고 필요한 것보다 많은 농산물을 가지지만, 다른 사람들은 생계에 필요한 것들도 조달하지 못해서 빚까지 지게 되나요?'

2. 이스코마코스가 대답했습니다. '소크라테스여, 당신께 말씀드리겠습니다. 어떤 농부들을 번영하게 만들고 다른 농부들을 가난하게 만드는 것은 그들의 지식 또는 무지가 아닙니다. 3. 당신은 다음과 같이 전개되는 이야기를 듣지 않을 겁니다. 〈씨 뿌리는 사람이 씨를 고르게 뿌리지 않아서 그의 재산이 거덜 났다. 또는 재산이 거덜 난 이유는 나무를 줄 맞추어 똑바로 심지 못했기 때문이거나, 포도나무에 알맞은 토양을 몰라서 황량한 땅에 포도나무를 심었기 때문이거나, 씨 뿌릴 땅을 미리 준비시키는 것이 좋은 줄 몰랐기 때문이다. 아니면 땅에 거름 주는 일이 좋은 줄 몰라서 재산을 말아먹었다.〉 4. 오히려 당신은 다음과 같은 이야기를 들을 것입니다. 〈저 사람이 농토에서 곡식을 수확하지 못하는 까닭은, 씨를 뿌리고, 거름을 주는 일을 하려 하지 않기 때문이다. 또는 그 사람은 포도주를 생산하지 못했다. 왜냐하면, 포도나무를 심고 그가 쌓아둔 포도에서 포도주를 생산하는 일에 관심을 기울이지 않기 때문이다. 아니면 저 사람이 올리브 열매나 무화과를 가지고 있지 않은 이유는, 이런 열매들을 가지는 데 신경을 쓰지도 않고 노력하지도 않기 때문이다.〉 5. 소크라테스여, 농사일과 관련해서 지혜로운 어

떤 기술을 발명했다고 생각되는 사람보다는, 위와 같이 자기 일을 충실히 돌보는 데 뛰어났던 사람들이 더 성공하는 것입니다. 농부가 잘살지 가난하게 될지를 결정하는 주요인은 바로 이러한 차이입니다. 6. 장군들에 대해서도 같은 논리가 적용됩니다. 장군 중에는 용병술에 더 뛰어난 자도 있지만 별 볼 일 없는 장군도 있습니다. 이러한 현상은 그들이 지력에 있어서 서로 달라서 생겨나는 것이 아니라, 분명히 주의력(epimeleia)의 차이에 기인합니다. 왜냐하면, 장군이라면 누구나 알고 있으며 일반인 중에도 다수가 알고 있는 것들을 일부의 지휘관들은 성취하는 반면, 다른 지휘관들은 성취하지 못하기 때문입니다. 7. 가령 적들을 통과해서 행군해야 할 경우, 만일 전투가 필요하다면 가장 잘 싸울 수 있는 대형으로 행군하는 것이 좋다는 사실은 누구나 다 압니다. 하지만 이런 사실을 누구나 알면서도, 어떤 장군들은 그렇게 하는 반면, 그렇게 하지 않는 장군들도 있습니다. 8. 또한, 병영 앞에 밤낮으로 보초를 세우는 것이 좋다는 것은 누구나 압니다. 그런데도 이 일과 관련해서 어떤 장군들은 그렇게 보초를 세우도록 주의하는 반면, 이런 일에 신경 쓰지 않는 장군들도 있습니다. 9. 한편 좁은 곳을 행군할 때는 유리한 지점을 먼저 장악하는 것이 그렇지 못한 경우보다 낫다는 사실을 모르는 바보를 발견하는 일은 매우 힘들 것입니다. 10. 이와 마찬가지로, 농사에서도 거름 주는 일이 좋다는 사실은 누구든지 알 것이며, 거름이 자연적으로 만들어지는 것을 볼 수 있을 겁니다. 또한, 누구나 거름이 어떻게 생산되는지 정확히 알 수 있으며, 많은 양의 거름을 얻는 일도 매우 쉽습니다. 그런데도 어떤 사람들은 거름을 모아 두기 위해서 애쓰지만, 거름 모으는 일을 게을리하는 사람들도 있습니다. 11. 하지만 하늘에서 신이 비를 내려 주면, 땅 위의 모든 우묵한 곳은 웅덩이가 되며, 땅은 온갖 종류의 초목을 생산합니다. 물론 씨를 뿌리려는 사람은 땅에서 잡초를 깨끗이 벌초해야 하지요. 농사일에 방해되는 잡초들을 골라내서 물속에 던져 놓으면, 이제 토양이 무엇을 좋아하는가는 시간이 말해 줄 겁니다. 왜냐하면, 고인물속에 던져진 초목이나 흙은 모두 썩어서 거름으로 변할 테니까요. 12. 토양이 씨를 뿌리기에 너무 습하거나 나무를 심기에 너무 소금을 많이 머금고 있으면, 이런 땅을 돌보는 방식에 어떤 것들이 있는가는 모든 사람이 알고 있습니다. 즉 어떻게 도랑을 파서 배수시킬 것인지, 어떻게 짜지 않은 물질들—그것이 액체이건 고체이건 상관없이—과 혼합해서 소금을 중화시킬 것인지 말이지요. 하지만 어떤 사람들은 이런 일들에 주의를 기울이지만, 다른 사람들은 그렇지 않습니다. 13. 자기 땅이 무엇을 생산해 낼 수 있는지 전혀 모르고, 자기 땅 위에서 과일이나 식물을 발견할 수 없으며, 다른 사람으로부터 자기 땅의 올바른 정보를 들을 수도 없는 사람이 있다고 가정해 봅시다. 그렇다고 하더라도 그 어떤 사람이건 간에 토질을 시험해 보는 것이 말을 시험해 보는 일보다 훨씬 쉽고, 사람을 시험해 보기보다도 더 쉽지 않겠습니까? 왜냐하면, 땅은 속임수를 써서 거짓 모습을 보여주는 일이 없이, 자기 능력을 단지 있는 그대로 보여주며 항상 진실을 말하기 때문입니다. 14. 제가 생각하기에, 토지는 우리에게 항상 이해하기 쉽고 배우기 쉬운 것들을 제공해 주기 때문에, 나쁜 사람들과 훌륭한 사람들을 가장 잘 판별해 줄 수 있는 듯합니다. 왜냐하면, 다른 기술들의 경우와 마찬가지로, 일하지 않는 자들에게 있어서 모른다는 말은 핑계에 불과하기 때문입니다. 땅은 자신을 잘 돌보아 주는 사람들에게 보답한다는 사실은 누구나 알고 있는 진리입니다. 15. 한편 농사는 게으른 영혼을 가진 자들의 죄를 명백히 따집니다. 왜냐하면, 사람이 식량 없이 살 수 있다고 주장하는 사람이 있다면, 그는 자기 자신도 설득할 수 없을 것이기 때문입니다. 결국, 농사를 지으려 하지도 않고 그렇다고 해서 돈벌이가 될 만한 다른 기술을 알고 있지도 못한 사람은 마침내 도둑질이나 강도질 혹은 구걸을 해서 생계를 유지하려 할 것입니다. 이런 일도 하지 않는다면 그는 완전히 바보이겠지요.'

16. 이스코마코스가 덧붙였습니다. '농사는 이득을 가져다줄 수도 있지만, 이득을 가져다주지 않을 수도 있습니다. (이런 차이를 가져오는 것은 농부의 관리 능력입니다) 설령 많은 일꾼이 일하고 있다고 하더라도, 제시간에 일꾼들이 일하고 있는지 농부 자신이 주의를 기울여 관리하는 경우와 농부가 이런 일에 관심을 기울이지 않는 경우, 그 결과는 크게 달라집니다. 왜냐하면, 열 명 중 한 사람은 근무 시간 내내 일해야 성과를 올리지만, 다른 사람은 근무 시간이 끝나기

전에 일을 그만두고도 성과를 낼 것이기 때문입니다. 17. 물론 만일 사람들을 온종일 설렁설렁 일하도록 내버려두면 그 손실은 쉽사리 전체 일의 절반에 이를 것입니다. 18. 가령 두 명의 여행자가 걷고 있는데, 두 명 모두 젊고 건강한 사람들이지만 걷는 속도가 서로 달라서, 한 사람은 200스타디온[17]을 걷지만 다른 사람은 100스타디온을 걸었다고 합시다. 이렇게 두 사람이 걸은 거리가 달라진 이유는 한 사람은 계속 걸으면서 자신이 착수한 일을 마치지만, 다른 한 사람은 마음이 게을러서 샘가나 그늘 밑에서 쉬기도 하고 경치를 감상하기도 하며 부드러운 산들바람을 따라가기도 했기 때문입니다. 19. 이와 마찬가지로 농사에서도, 자기 일을 명령받은 대로 성취하는 사람들과 일은 하지 않으면서 일하지 않을 핑계나 만들어 내고 빈둥대도록 허락받는 자들은 일의 효율성이라는 측면에서 엄청나게 다른 법입니다. 20. 일을 잘하는 것과 제대로 관리하지 않는 것 사이에는, 완전히 일만 하는 것과 전적으로 게으른 것 사이만큼의 차이가 존재합니다. 포도나무 주변으로부터 잡초를 깨끗하게 벌초하도록 괭이질하는 사람들의 경우를 살펴봅시다. 괭이질을 대충 해서 잡초가 더 많이 그리고 더 무성하게 자라났다면, 당신은 이것을 태만이라고 부르지 않을 수 있겠습니까? 21. 따라서 이런 일들은 한갓 무지보다 훨씬 더 재산을 탕진하는 해악들입니다. 왜냐하면, 재

---

17 거리의 단위. 1스타디온은 600피트. 다시 말해 대략 180m.

산에서 소비되는 비용은 많은 데 비해, 얻은 성과는 소비와 비교했을 때 이윤을 창출하기에 부족하기 때문입니다. 이렇게 될 경우, 부가 창출되는 대신 결핍이 생겨난다 해도 놀랄 만한 일이 아닐 것입니다. 22. 반면 주의를 집중할 수 있으며 (또는 관리 능력이 있으며) 정력적으로 농사일하는 사람들에게는, 농사가 가장 효율적인 돈벌이 수단이 될 것입니다. 우리 아버지는 이를 몸소 실천하셨을뿐더러 저에게도 그렇게 가르치셨습니다. 왜냐하면, 우리 아버지는 제가 잘 경작된 땅을 사는 일을 허락하지 않으셨거든요. 그 대신 소유주의 부주의 혹은 무능력으로 인해 경작되지 않고 식물도 재배되지 않는 땅이 있으면, 이런 땅을 사도록 종용하셨죠. 23. 아버지는 이렇게 말씀하곤 했습니다. "잘 경작된 땅은 돈만 많이 들 뿐 더 발전할 소지가 없다." 아버지는 더는 발전할 소지가 없는 땅에서는 그다지 큰 즐거움을 얻을 수 없다고 생각하셨습니다. 또한, 아버지는 소유지 전체와 가축 사육이 계속 성장할 때 여기에서 가장 큰 기쁨을 느낄 수 있다고 생각하셨습니다. 그런데 황야에서 생산력이 풍부한 땅으로 변모한 토지 이상으로 성장하는 것은 없습니다. 24. 그러니까, 소크라테스여, 우리가 우리 땅을 원래 값보다 수십 배나 더 가치 있는 토지로 만들었음을 당신도 아실 겁니다. 바로 이런 생각이 그처럼 큰 가치가 있는 것입니다, 소크라테스여. 이것은 배우기 쉬우므로, 당신이 저로부터 그것을 전해 듣자마자 저와 동일한 앎을 얻게 되며, 당신이 원한다면 다른 곳으로 가서 다른 사람에게 가르쳐줄 수도 있는 것입니다. 25. 그런데 우리 아버지는 다른 사람으로부터 이런 앎을 배우지도 않았으며, 진지하게 생각해서 그것을 발견해낸 것도 아닙니다. 아버지는 말씀하셨죠. 〈나는 농사를 사랑하는 마음과 노동을 즐기는 마음 때문에 이러이러한 땅을 사랑하게 되었고, 이로써 무슨 일이든 일거리를 가지는 동시에 기쁘게 일하면서 이득도 보려고 했다.〉 26. 소크라테스여, 저는 생각합니다. 아테나이인들 중에서 우리 아버지가 천성적으로 가장 농사를 사랑하는 분이셨을 겁니다.'

저는 이 말을 듣고서 그에게 물었습니다. '이스코마코스여, 당신의 아버지는 자신이 경작한 농토를 모두 다 소유했습니까, 아니면 큰돈을 받을 수 있을 때 팔았습니까?'

이스코마코스가 대답했습니다. '물론 파셨습니다. 하지만 아버지는 그 대신 곧바로 다른 황무지를 구매하셨습니다. 그분은 일하는 것을 무척 좋아하셨거든요.'

27. 제가 말했습니다. '이스코마코스여, 당신은 상인들이 곡식을 좋아하는 것에 못지않게, 당신 아버지가 실제로 본성상 농사를 좋아하셨다고 말씀하시는군요. 상인들은 곡식을 너무나 열렬히 좋아하기 때문에, 어느 곳에 곡식이 풍부하다는 이야기를 들으면 곧바로 그곳으로 항해해서 곡식을 사러 갑니다. 그래서 에게 해(海)와 에욱세이노스 해(흑해) 그리고 시실리아 해를 건너지요. 28. 그래서 얻을 수 있는 최대한의 곡식을 산 다음에, 그것을 싣고 바다를 건

너 돌아옵니다. 이때 그들은 자신들이 그곳에 갈 때 타고 간 그 배에 곡식을 싣고 되돌아옵니다. 그런데 돈이 필요할 경우에도, 그들은 곡식을 아무 곳에나 버리는 일이 바람직하지 않다고 생각합니다. 그 대신 상인들은 곡식의 값이 가장 비싸게 평가되고 사람들이 곡식의 가치를 가장 높게 쳐준다고 말해지는 곳으로 가서, 그곳 사람들에게 곡식을 넘깁니다. 당신의 아버지도 이와 유사하게 농사를 사랑하셨다고 보입니다.'

29. 이 말을 듣고 이스코마코스가 대답했습니다. '지금 농담하시는군요, 소크라테스여. 하지만 저는 집을 다 짓자마자 다른 사람에게 판 후 다시 새집을 짓는 사람이 그렇다고 해서 집을 덜 사랑하는 것은 아니라고 생각합니다.'

제가 대답했습니다. '물론 그렇지요. 이스코마코스여, 당신에게 맹세하건대, 저는 본성상 모든 사람이 자신에게 이득을 가져다주리라 생각하는 것들을 사랑한다는 당신의 말을 믿습니다.'

**XXI.** 제가 계속 말했습니다. '이스코마코스여, 저는 당신이 어떻게 전체 논변을 제공함으로써 당신의 가정을 잘 뒷받침해 주는지 곰곰이 생각하고 있습니다. 왜냐하면, 당신은 농사 기술이 모든 기술 중에서 가장 배우기 쉽다고 전제했으니까요. 당신의 말씀을 모두 듣고 나니, 지금 저도 당신의 말에 완전히 설득되어, 정말로 농사술이 그렇다고 확신하게 되었습니다.'

2. 그러자 이스코마코스가 말했습니다. '신에게 맹세코 그렇습니

다. 소크라테스여, 모든 사회적 활동—즉 농사나 정치, 경영 및 전쟁술—에 공통적인 것은 다스리는 능력입니다. 그런데 이런 능력과 관련된 지능(또는 판단력: gnome)에서, 어떤 부류의 사람들은 다른 부류의 사람들과 엄청난 차이를 보인다는 점을 당신이 인정하고 저도 이에 동의합니다. 3.가령 삼단 갤리선의 경우를 예로 들어 봅시다. 배가 망망대해에서 항해 중이며, 선원들이 온종일 노를 저어야 항구에 도착할 수 있을 때, 어떤 갑판장은 선원들의 사기를 북돋워 주어 자발적으로 일하게 만들도록 말하고 행동할 수 있지만, 다른 갑판장은 너무나 무지몽매하여서 같은 거리를 항해하는 데 두 배 이상의 시간이 걸리게 됩니다. 첫 번째 배의 경우, 배에 승선한 사람들은 땀으로 목욕을 하고서 배를 육지에 상륙시켜 하선한 후, 구령을 내린 자와 그에 복종한 자들이 서로를 칭찬합니다. 반대로 두 번째 배의 경우, 선원들은 땀도 흘리지 않은 채 육지에 도착하며, 지도자를 미워하고 지도자로부터 미움을 받습니다. 4.이와 마찬가지로 장군들의 경우에 있어서도, 두 부류가 서로 구별됩니다. 즉 어떤 장군들은 병사들이 자발적으로 고생하거나 위험을 무릅쓰도록 만들지 못하며, 오히려 상관의 명령에 따르는 일을 옳게 여기지도 않고, 강제되지 않는 한 자발적으로 명령에 따르지도 않을 뿐더러, 지휘관에게 대드는 일을 뽐내도록 만듭니다. 더구나 어떤 장군들은 수치스러운 일이 발생한 경우에도 그 부하들이 부끄러움을 느끼지 못하게 만듭니다. 5.반면 신과 같이 훌륭하며 기술을 가진 지휘관들도 있습니다. 이들이 같은 부대 혹은 때때로 다른 부대까지 맡아서 통솔할 경우, 그 부하들은 부끄러운 일을 하는 것을 수치스러워하게 되며, 복종이 더 낫다고 생각하게 되고, 각각의 병사 또는 부대 전체가 복종하는 일에 기뻐하게 되어, 필요할 경우에는 노고를 마다하지 않되 억지로 일을 하지는 않게 되는 것입니다. 6. 마치 개개의 병사 마음속에 고통도 기꺼이 받아들이겠다는 생각이 자라나듯이, 훌륭한 지휘관에 의해 통솔되는 군대 전체에는 고통도 즐겁게 생각하는 마음과 명예를 사랑하는 마음—즉 훌륭한 일을 해서 지휘관의 눈에 들겠다는 생각—이 생겨납니다. 7. 부하들이 이처럼 열성적으로 복종하는 지휘관은 그가 누구이건 간에 강력한 지도자가 됩니다. 하지만 신에게 맹세컨대, 이 같은 지휘관은 체격이 병사 중에서 가장 뛰어난 것도 아니고, 창을 가장 잘 던지거나 활을 가장 잘 쏘는 것도 아니며, 기마술에 뛰어나서 훌륭한 기사나 사수처럼 위험을 무릅쓰는 것도 아닙니다. 그런데도 이들은 자기 병사들로 하여금 불이나 다른 모든 위험을 뚫고 지휘관을 따라가야 한다는 마음을 가지도록 합니다. 8. 마땅히 이런 지휘관들을 큰 뜻을 가진 사람들이라고 지칭할 수 있습니다. 이런 사실을 알고서 많은 사람이 그 지도자를 추종하는 것이지요. 한편 이러한 지휘관은 '커다란 손으로써 행진하는 자(megale cheiri poreuesthai)'라고 말해도 좋을 듯합니다. 그의 뜻에 많은 손(즉 군사)들이 자발적으로 봉사하고자 하니까요. 또한, 그는 정말로 위대합니다. 왜냐하면, 힘보다는 판단력(또는 지력 : gnome)에 의해서 위대한 일들을 달성하니까요. 9. 이와 마찬가지로, 개인 사업에서도 관리인—즉 일을 돌보는 자 또는 지휘하는 자—이 일꾼들을 자발적으로 일하게 하며 일에 대해서 정력적이고 꾸준하게 만들어 준다면, 이러한 관리인들은 사업을 더 좋게 진전시켜서 많은 부를 창출합니다. 10. 하지만 소크라테스여, 주인—그는 일꾼 중 나쁜 자에게 가장 큰 처벌을 내릴 수 있으며 일하려는 열의가 있는 자에게는 가장 크게 보상할 능력이 있는 사람이지요—이 일터에 나타났을 때, 그의 모습이 노동자들에게 큰 인상을 주지 못한다면, 저는 그런 주인을 존경하지 않을 것입니다. 반면 만일 노동자들이 주인을 보고서 분발해서, 그들 각자가 더욱 힘을 얻어 일하고 서로가 상대방보다 더 열심히 일하려는 경쟁심을 보이며 각 노동자의 마음속에 명예를 사랑하는 마음이 강렬해질 경우, 저는 그러한 주인이 왕의 품성을 가졌다고 볼 것입니다. 11. 제가 생각하기에, 바로 이 점이 사람들의 노동을 통해 수행되는 모든 사업에서 가장 중요한 사항입니다. 또한, 농업에서도 이러한 관리능력이 가장 중요한 법이지요. 물론 신에게 맹세컨대, 저는 남들이 하는 것을 보거나 한 번 듣고서 이런 능력을 자동으로 배울 수 있다고까지 주장하지는 않습니다. 오히려 저는 이런 능력을 키우기 위해서는 교육이 필요하다고 말합니다. 즉 이러한 능력을 갖추고자 하는 자는 훌륭한 천성을 갖추어야 할 뿐 아니라, 무엇보다 신처럼 뛰어나야 합니다. 12. 왜냐하면, 저는 이런 능력—즉 사람들로 하여금 자발적으로 복종하기를 원하게 하여서 이들을 다스리는 것—이 전적으로 인간적인 선이 아니라 신적 능력이라고 생각하기 때문입니다. 명백히 신들은 이런 능력을 진정으로 사려 깊음에 입문한 자들에게 수여했습니다. 반면, 신들은, 제가 생각하기에, (복종하기) 원하지 않는 사람들을 통치하는 임무를, 마치 탄탈로스처럼 생활하는 것이 적절하다고 판단되는 사람들에게나 맡기신 것 같습니다. 탄탈로스는 하데스에서 영원히 지내면서 혹시 두 번 죽게 되지나 않을까 늘 두려워한다고 말해집니다.'"

크세노폰의 향연

고대 희랍의 향연 장면 (기원전 420년경) : 소녀가 플루트를 불고 있는 동안, kottabos 게임을 즐기는 향연 참가자들의 모습. 향연에 참가한 사람들은 머리 위에 월계관을 쓰고 있다.

# 크세노폰의 향연 해설

크세노폰의 파란만장했던 모험은 끝났다. 비록 아테나이에서 추방당하기는 했지만, 이제 그는 평화롭게 살 수 있었다. 적어도 그가 《향연》을 저술하고 있었던 기원전 380년 무렵 펠로폰네소스 반도의 서부 지역은 평화로워 보였다. 이 작품에서 그는 대략 40여 년 전 아테나이에서 벌어진 일들에 대해 글을 쓰고 있다.

크세노폰은 자기 자신이 이날의 향연에 참석했다고 주장하지만, 이 글의 어디에도 그에 대한 언급은 나오지 않는다. 아마도 이 글은 역사적 사실을 기록한 것이라기보다는 위대한 스승 소크라테스의 사교 활동을 그리는 데 목적이 있었다고 추측된다. 이 글의 등장인물은 대부분 실존 인물이다. 물론 이 글의 중심인물은 소크라테스이다. 한편 향연을 주최한 칼리아스는 소피스테스들을 후원한 철학 애호가였으며, 희극작가 아리스토파네스와 에우폴리스는 칼리아스를 부유한 가문의 방탕하고 씀씀이 큰 후손으로 묘사했다. 칼리아스가 사랑한 아우톨뤼코스는 정치가 뤼콘—그는 22년 후 소크라테스의 고소인 중 하나로 등장한다—의 아들이다. 아우톨뤼코스는 매우 수려하고 운동도 잘하는 젊은이였는데, 기원전 421년 판아테나이아 경기의 우승자 중 하나였다. 그래서 그다음 해 에우폴리스는 〈아우톨뤼코스〉라는 희극을 공연하기도 했다. 그러나 아우톨뤼코스는 30인 참주 정부 당시 사형당했다. 한편 안티스테네스는 고르기아스와 소크라테스의 제자였는데, 나중에 견유학파를 창시했다. 니케라토스는 부유한 장군 니키아스—이날의 향연이 있은 지 대략 7년 후 그는 쉬라쿠사이 원정에서 죽는다—의 아들이었는데, 이 글에서 갓 결혼한 것으로 기술되고 있다. 하지만 그 역시 30인 참주 정부 때 죽었다. 크리토불로스는 소크라테스의 가장 친한 친구 크리톤의 아들이었다. 헤르모게네스는 아마도 칼리아스의 형제였으나 유산 상속을 받는 데 실패한 사람인 듯하다. 카르미데스는 플라톤의 삼촌이었으며 소크라테스는 그를 사랑했다. 이 밖에도 두 명의 등장인물—익살꾼 필립보스와 쉬라쿠사이에서 온 사람—이 등장하는데 이들은 실존인물인지 아닌지 불확실하다.

이들이 향연을 벌인 것은 기원전 421년 여름 대(大) 판아테나이아 경기가 막 끝난 직후였다. 소크라테스와 그의 친구들은 느닷없이 칼리아스로부터 초대를 받는다. 이날의 향연은 본래 아우톨뤼코스와 그의 아버지 뤼콘을 위한 자리였다. 향연에 초대받은 사람들은 우선 즐겁게 식사를 한다. 그 후 익살꾼 필립보스의 재담이 이어지며, 쉬라쿠사이에서 온 사람과 그 일행의 공연이 뒤따른다. 회중들은 각자가 어떤 일로 해서 자부심을 가지는지에 대해 허심

탄회하게 논의하며, 진정한 사랑이 무엇인지에 대해서도 토론한다. 향연은 디오뉘소스와 아리아드네의 모습을 한 무용수들의 공연을 끝으로 종료된다. 사람들은 자기 집으로 가거나 산책하러 나간다.

물론 문학·철학적 완성도 면에서, 《크세노폰의 향연》은 플라톤이 쓴 《향연》—아마도 크세노폰의 저서보다 몇 년 일찍 저술된—보다 뒤떨어진다. 하지만 플라톤의 책에 묘사되고 있는 향연은 실제 모습보다 미화된 감이 없지 않다. 반면 우리는 크세노폰의 글에서 좀 더 실제적이고 일상적인 아테나이인들의 향연 모습을 발견할 수 있다. 향연과 관련한 후대 저자들—에피쿠로스나 플루타르코스, 아테나이오스 등—의 글에서는 이처럼 생동감 넘치는 장면을 보기 힘들다. 따라서 오늘날 우리가 고대 희랍인들의 일상적 생활을 알고 싶어한다면, 크세노폰의 글을 읽는 것보다 더 좋은 방법이 없을 듯하다.

판아테나이아 축제의 달리기 경주 장면 (기원전 530 BC년 경)

# 크세노폰의 향연

**I.** 나는 훌륭하고 좋은 (kalos k'agathos) 사람들의 심각한 일들뿐 아니라 그들이 장난삼아 한 일들도 언급할 가치가 있다고 생각한다. 내가 무슨 일을 경험했기에 이렇게 믿게 되었는지 말하고자 한다.

2. 대(大) 판아테나이아 축제[18] 중 경마 시합이 있던 때였다. 마침 히포니코스의 아들 칼리아스가 어린 소년 아우톨뤼코스를 사랑하고 있었는데, 아우톨뤼코스가 팡크라티온 경기[19]에서 이긴 것을 기념해서 칼리아스는 그를 경마 경기에 초대했다. 경마 경기가 끝나자, 칼리아스는 페이라이에우스에 있는 자기 집에 아우톨뤼코

---

18 판아테나이아는 아테나 여신을 기념해서 매년 7월 말경 벌어지는 축제였는데, 4년에 한 번씩 더 큰 규모로 개최되었다. 이러한 대(大) 판아테나이아 축제 기간에는 디 필론 문에서 시작해서 아크로폴리스에 있는 아테나 여신의 성소에 이르기까지 성대한 행렬―이 행렬은 아크로폴리스의 파르테논 부조에 잘 묘사되어 있다―이 펼쳐졌으며, 이와 함께 음악 경연, 서사시 낭송 경연, 운동 경기 등이 펼쳐졌다.

19 팡크라티온은 권투와 레슬링을 혼합한 격투 경기였다. 이 경기는 매우 격렬했기 때문에, 뛰어난 체격 조건과 건강 상태가 필요했다.

스와 그의 아버지를 데리고
갔다. 이때 니케라토스도
동행했다. 3. 그런데 소크라
테스와 크리토불로스, 헤르
모게네스, 안티스테네스,
카르미데스가 함께 있는 광
경을 칼리아스가 목격하자

팡크라티온 경기를 바라보는 트레이너와 행인
(기원전 500년 경)

마자, 주위에 있는 자신의
노예 중 한 사람에게 아우톨뤼코스 일행을 데리고 가도록 명한 후,
칼리아스 자신은 소크라테스 일행에게 다가가서 말했다.

4. "당신들을 만나게 되어서 참 잘 되었네요. 지금 아우톨뤼코스
와 그의 아버지를 만찬에 초대하려던 참입니다. 제가 보기에, 장군
이나 기병대 지휘관, 공직에 출마한 사람들과 함께 있느니보다, 당
신들처럼 영혼을 정화한 사람들과 함께 있을 때 저의 환대가 더욱
찬란히 빛나 보일 듯합니다."

5. 소크라테스가 대답했다. "당신은 항상 우리를 장난 거리로 취
급하는군요. 당신은 이미 프로타고라스, 고르기아스, 프로디코스
및 다른 많은 사람에게 거금을 주고 현명함을 사려고 하지 않았습
니까? 당신은 우리가 독학으로 철학을 연마한 사람들이라고 여기
면서, 우리를 무시하는군요."

6. 칼리아스가 말했다. "적어도 예전에는 그러했습니다. 저는 다

양하고 현명한 것들을 말할 수 있었는데
도 당신들에게는 그런 사실을 숨겼지요.
하지만 지금 여러분이 우리 집에 와 주시
면, 저 자신이 어마어마한 가치를 지니는
사람임을 증명해 보이지요."

안티스테네스
(헬레니즘 시대 원본을
로마 시대에 복제한 것)

7. 그러자 소크라테스 일행은 먼저, 의
당 그러해야 하듯이, 초대에 감사의 뜻
을 표했으나, 만찬에 참석하겠다고 약속
하지는 않았다. 하지만 그들이 따라가지
않는다면 칼리아스가 매우 언짢아할 것이 분명했기 때문에, 결국
소크라테스 일행은 그와 동행했다. 이윽고 손님들이 그의 집에 도
착해서, 어떤 사람들은 먼저 운동한 후 몸에 기름을 발랐고, 어떤
사람들은 목욕까지 마쳤다. 8. 아우톨뤼코스는 그의 아버지 곁에
앉았고, 다른 사람들은 관례대로 침상에 비스듬히 누웠다.[20]

이때 어떤 사람이 사태의 추이를 잘 주목했다면 그는 아름다움
이 제왕다운 어떤 것이라고 즉각 생각했을 것이다. 특히 아우톨뤼
코스의 경우처럼 어떤 사람이 염치와 자기절제를 가지는 동시에 아
름답기까지 하다면 더욱 그러하다. 9. 왜냐하면, 마치 어두운 밤에

---

20 도자기에 묘사된 그림에 따르면, 향연이 벌어질 경우 관례적으로 성인 남자는 침상
에 비스듬히 눕지만, 만약 여성이나 어린이가 동석할 경우 이들은 앉아 있었다.

불빛이 보이면 모든 사람의 눈이 그곳으로 집중되는 것처럼, 그때에도 맨 처음에는 아우톨뤼코스의 아름다움이 모든 사람의 시선을 그에게로 이끌었기 때문이다. 얼마 후 아우톨뤼코스를 본 사람은 누구나 그의 영향으로 인해 다소간이라도 마음의 변화를 겪지 않는 자가 없었다. 그래서 어떤 사람들은 이전보다 더 조용해졌고, 어떤 사람들은 어떤 자세를 취하기까지 했다. 10. 그러므로 어느 신에 의해 사로잡힌 모든 사람은 바라볼 만한 가치가 있다고 생각된다. 다시 말해 다른 신들에 의해 사로잡힌 사람들은 외모도 끔찍할 뿐 아니라, 목소리도 무시무시하고 더욱 맹렬한 경향성을 가지는 데에 반해, 사려 깊은 사랑의 신에 의해 영감을 받은 사람들은 눈빛도 좀 더 다정다감하고 더 감미로운 목소리를 내며 매우 훌륭한 (즉 자유인 에게 가장 적합한) 외모를 띤다. 그 당시 칼리아스도 에로스 신의 영향력 때문에 바로 이러한 몸가짐을 보여서, 그는 이 신에게 입문한 사람들의 주목을 살 만했다.

11. 마치 어떤 강력한 자의 명령이라도 받은 것처럼, 그들은 조용히 식사하고 있었다. 그런데 익살꾼 필립보스가 문을 두드리며, 문지기에게 자신이 누구인지 알리고 그가 만찬에 동참하고 싶다는 뜻을 주인에게 전하도록 명령했다. 또한, 필립보스는 자신이 만반의 준비를 하고 왔으며, 남의 집에서 식사하는 데 필요한 것들을 모두 갖추고 있다고 말했다. 게다가 그의 노예 소년은 가지고 다니는 식량 때문에 매우 곤란을 겪고 있다고 덧붙였다. 즉 먹을 것이 아무것

도 없고, 식사도 하지 못했다는 것이다. 12. 이 말을 듣고서 칼리아스가 말했다. "사람들이여, 아닌 게 아니라 이 사람에게 최소한 지붕 밑에 쉴 곳도 거절한다는 것은 수치스러운 일입니다. 그러니까 이 사람을 안으로 들라고 합시다." 이렇게 말하면서 그는 아우톨뤼코스 쪽을 쳐다보았다. 저 사람에게 어떤 익살이 떠올랐을지 조사하는 것이 분명했다. 13. 하지만 필립보스는 만찬이 벌어지는 사랑방의 문지방에 서서 말했다. "제가 재담가라는 사실은 당신들 모두가 아시지요. 그래서 저는 자발적으로 여기까지 왔죠. 만찬에 초대받고 오는 것보다는 초대받지 않고 오는 편이 훨씬 더 우스울 것으로 생각했거든요."

칼리아스는 대답했다. "그러면 자리에 앉으시오. 왜냐하면, 당신도 보시다시피, 여기에 자리한 분들은 심각함으로 충만한 사람들이어서, 아마도 웃음이 더 많이 필요할 것이기 때문입니다."

14. 이들이 식사를 시작하자마자 필립보스는 곧바로 우스운 이야기를 하려고 시도했다. 그가 만찬 때마다 초대되는 목적을 충실히 달성하기 위해서였다. 하지만 사람들을 웃기지 못하자, 필립보스는 언짢은 기색이 역력했다. 시간이 얼마쯤 흐른 후, 그는 다른 재담을 늘어놓으려 했다. 그러나 이때도 사람들이 그의 익살에 웃음을 터뜨리지 않자, 그는 만찬이 진행되는 도중에 재담을 멈추더니 그의 얼굴을 감싸며 주저앉아 버렸다.

15. 그러자 칼리아스가 말했다. "필립보스여, 이게 뭡니까?

슬픔[21]이 당신을 사로잡은 건가요?"

필립보스가 탄식하며 대답했다. "신에게 맹세코 그렇습니다, 칼리아스여. 슬픔이 정말 큽니다. 웃음이 사람들로부터 사라졌기 때문에, 제 사업은 이제 망했습니다. 이전에 제가 만찬에 초대되었던 것은 함께 자리한 분들이 저로 인해 웃고 즐기려는 의도였습니다. 그런데 이제는 어떤 사람이 무슨 이유로 저를 부르겠습니까? 저는 불사할 수도 없지만 심각해질 수는 더더욱 없는 위인입니다. 그리고 진실로 어떤 사람이 다른 이로부터 초대받기를 바란다면, 저를 초대하지 않을 것입니다. 저의 집에 음식을 가져오는 일이 이제 전통적 풍습이 아니라는 사실은 누구나 알고 있기 때문이지요."

이렇게 말하면서 그는 코를 닦았다. 그의 말소리로 비추어 볼 때, 그는 울고 있음이 분명했다. 16. 그러자 모든 사람은 그를 달래면서 다음번에는 웃어 주겠다고 약속했다. 그리고 함께 식사하자고 권유했다. 크리토불로스는 필립보스가 탄식하는 모습을 보자 박장대소했다. 필립보스는 크리토불로스가 웃는 것을 알아차리자, 감싸고 있던 얼굴을 들고서 마음속에서 용기를 내라고 촉구했다. 그는 계약이 성공리에 이행될 것이라고 기대하면서 다시 식사하기 시작했다.

**II.** 탁자가 치워지고, 만찬에 참석한 사람들이 제주(祭酒)를 부

---

21 또는 마음의 고통.

은 후 파이안의 찬가[22]를 불렀을 때, 쉬라
쿠사이 출신의 어떤 사람이 이들을 즐겁
게 해 주기 위해 왔다. 예쁜 플루트 연주
자 한 명과 놀라운 묘기를 보여줄 수 있
는 무용수 한 명, 키타라와 무용에도 매
우 능한 아주 잘 생긴 노예 소년이 함께
왔다. 쉬라쿠사이에서 온 사람은 이들의

플루트를 연주하는 소년
(기원전 460 ~450년경)

공연을 볼거리로 제공하여 돈을 벌었다.

2. 플루트 여자 연주자는 플루트를, 노예
소년은 키타라를 회중들에게 연주해 주
었다. 정말로 둘 다 회중들을 아주 즐겁게
해준다고 생각되었다.

이때 소크라테스가 말했다. "칼리아스
여, 신에게 맹세코 당신은 우리에게 완벽
한 만찬을 제공해 주는군요. 왜냐하면, 당

키타라 연주

신은 비난할 여지 없는 식사를 우리에게 차려 주었을 뿐 아니라, 정
말로 재미있는 볼거리와 들을 거리를 우리에게 제공해 주고 있기
때문입니다."

3. 칼리아스가 대답했다. "우리가 좋은 향기까지 맡으면서 식사

---

22 아폴론 신에게 바치던 승리, 감사의 노래.

를 할 수 있도록, 누군가가 향수도 좀 가져오게 하면 어떻겠습니까?"

소크라테스가 말했다. "그건 결코 안 됩니다. 왜냐하면, 여자에게 잘 어울리는 옷과 남자에게 잘 어울리는 옷이 다르듯이, 마찬가지로 여자에게 합당한 냄새와 남자에게 합당한 냄새가 서로 다르기 때문이지요. 어떤 남성도, 확실히, 남자를 위해서 향수를 바르지 않습니다. 한편 여자들의 경우, 특히 여기 있는 니케라토스의 부인이나 크리토불로스의 부인처럼 새색시라면, 무슨 이유로 향수가 더 필요하겠습니까? 왜냐하면, 그녀들은 스스로 향기가 나기 때문입니다. 반면에 귐나시온에서 바르는 올리브 기름의 냄새는, 피부에 발랐을 때 여자들이 바르는 향수보다 더 상쾌하고, 만약 바르지 않았으면, 그 필요성을 더 절실히 느끼게 되지요. 4. 더구나 기름을 바른 사람은, 그가 자유인이건 노예건 간에 상관없이, 곧바로 똑같은 냄새를 풍기지요. 그러나 자유인들의 분투로 인해 생겨나는 냄새는, 만약에 그 냄새가 달콤하고 자유에 알맞은 것이 되려면, 먼저 많은 시간에 걸친 유용한 훈련을 요구한답니다."

그러자 뤼콘이 말했다. "하여튼 젊은 사람에게도 그러하겠지요. 하지만 귐나시온에서 운동하지 않는 우리는 어떤 향기를 풍겨야 하겠습니까?"

소크라테스가 말했다. "물론 훌륭하고 좋음(kalokagathia)의 향기이지요."

"그러면 우리가 어디에서 이 같은 오일을 얻을 수 있겠습니까?"

소크라테스는 말했다. "신에게 맹세컨대, 향수 가게에서 구매하지는 못하겠지요."

"그렇다면 어디에서입니까?"

이때 테오그니스가 말했다. "당신은 선한 자들로부터는 선한 것들을 배우게 될 것입니다. 반면 만약 악한 자들과 무리 지어 다니면, 당신이 가지고 있는 정신마저 잃게 될 것입니다."

5. 뤼콘이 말했다. "아들아, 잘 듣고 있느냐?"

소크라테스가 말했다. "당신 아들은 정말로 잘 듣고 있습니다. 또한, 그는 들은 것을 실행에 옮기기까지 합니다. 하여튼 그가 팡카라티온의 우승자가 되기를 원했을 때, (그는 당신의 도움을 받아서 팡크라티온 우승자들이 누구인지 조사한 후 그들과 교제했습니다. 따라서 만약 그가 덕에 대해 배우고자 한다면)[23] 그는 이번에도 역시 당신의 도움을 받아서, 이와 관련된 일들을 가장 능숙하게 처리할 거로 생각되는 사람이 누구인지를 알아낸 후, 그와 함께 지낼 것입니다."

6. 바로 이때 많은 사람이 목소리를 높였다. 그들 중 한 사람이 말했다. "그러면 어디에서 그의 스승을 발견할 수 있겠습니까?"

---

23 이 구절에는 lacuna가 존재한다. 꺾쇠괄호로 묶은 부분은 E.C. Marchant의 제안에 따라 소실된 사본의 의미를 문맥에 맞게 대략 구성해 본 것이다. 그의 번역 545쪽 참고.

어떤 사람은 그러한 종류의 일은 교육 가능하지 않다고 주장했고, 다른 어떤 사람은 만약 다른 어떤 것이 교육 가능하다면 이것도 교육 가능할 것이라고 말했다.

7. 소크라테스가 제안했다. "이 문제는 논란의 여지가 있으므로, 논의를 다음 기회로 미루도록 합시다. 지금은 우선 당면한 문제를 해결하기로 합시다. 왜냐하면 (다른 사람들은 어쩐지 모르겠지만) 적어도 저는 무용수 소녀가 이미 여기에 서 있고 어떤 사람이 그녀에게 링들을 가져다주는 것을 보고 있기 때문입니다."

8. 이때 다른 소녀가 무용수의 동작에 맞추어 플루트를 연주하기 시작했다. 그리고 무용수의 옆에 서 있던 노예 소년이 그녀에게 열두 개가 될 때까지 링들을 전달했다. 무용수는 링들을 쥐고서 춤을 추었다. 동시에 그녀는 링들이 공중에서 계속 빙글빙글 돌도록 던졌다. 그녀는 링들을 얼마만큼의 높이로 던져야 리듬에 맞추어 춤추면서 이들을 다시 받을 수 있는지 헤아리고 있었다.

9. 그러자 소크라테스가 말했다. "여러분, 다른 많은 사례에서도 그러하지만, 지금 이 소녀의 묘기를 통해서도 분명히 알 수 있는 사실은 여자들의 본성이 남자들의 본성보다 절대 뒤처지지 않는다는 것입니다. 물론 여자들이 남자들보다 판단력이나 육체적 힘에 있어서 부족하다는 점은 예외이지만요. 그러니까 당신들 중 어떤 사람이 아내를 가지고 있다면, 그녀가 마땅히 알아야 할 것이라고 바라는 것은 무엇이든, 용기를 내어 자신의 아내에게 가르치도

록 하세요."

10. 안티스테네스가 물었다. "소크라테스 선생님, 만약 당신이 그렇게 생각하신다면, 어째서 당신의 아내 크산티페에게도 그런 것들을 몸소 가르치지 않으십니까? 제가 생각하기에 크산티페는 지금 살아 있는 여자 중에서도 그러하지만, 과거에 살았거나 앞으로 태어날 여자 중에서도 가장 가까이하기 힘든 여자인데, 당신은 왜 그런 여자와 그대로 함께 사십니까?"

소크라테스는 대답했다. "왜냐하면, 저는 기사가 되려는 자들은 가장 온순한 말이 아니라 오히려 가장 혈기왕성한 말을 소유한다는 점을 알고 있기 때문입니다. 그들은 이처럼 사나운 말들을 정복할 수 있다면, 다른 말들도 쉽게 다룰 수 있다고 생각하거든요. 이와 마찬가지로 저도 사람들을 잘 다루고 이들과 잘 어울리고 싶어서, 저 여자와 결혼한 것이랍니다. 저는 제가 저 여자를 잘 참고 견딘다면, 다른 모든 사람과도 어려움 없이 지낼 수 있다는 사실을 잘 알지요."

청중들이 보기에는, 소크라테스의 이러한 주장이 그의 의도와 어긋나지 않고 잘 부합한다고 생각되었다.

11. 그 후 곧게 뻗은 칼들을 원 둘레에 가득 달고 있는 링이 안으로 운반되었다. 무용수는 그 안으로 재주를 넘었고, 다시 재주를 넘어서 그 밖으로 나왔다. 이 광경을 보고 있던 사람들은 혹시 그녀가 다칠까 봐 두려워했으나, 정작 그녀 자신은 두려운 줄도 모르고

안전하게 묘기를 마쳤다.

12. 소크라테스는 안티스테네스를 불러서 말했다. "제가 생각하기에, 이 광경을 목격한 사람들은 용기가 교육 가능하다는 사실을 부인할 수 없을 겁니다. 저 무용수는 여자이면서도 이처럼 용맹스럽게 칼 속으로 뛰어들지 않았습니까?"

13. 안티스테네스가 말했다. "그러면 쉬라쿠사이 사람이 저 무용수를 우리 나라(아테나이)에 보여준 후 아테나이인들을 설득해서, 자신에게 돈을 주기만 하면 모든 아테나이인들이 빗발치는 창에 맞서 싸울 용기를 가질 수 있게 해 주겠다고 말하는 편이 저 쉬라쿠사이 사람에게 가장 이롭지 않을까요?"

14. 필립보스가 거들었다. "물론 그렇지요. 대중 연설가 페이산드로스[24]가 칼 속에서 재주넘는 일을 배운다면, 저는 정말로 그것을 즐겁게 구경할 겁니다. 지금 그 사람은 창과 마주 볼 힘이 없어서 군대에 참가하는 일마저 기피하는 실정이거든요."

15. 이때 노예 소년이 춤을 추기 시작했다. 그러자 소크라테스가 말했다. "저 소년이 비록 잘 생기기는 했지만, 조용히 있을 때보다는 무용 동작들을 취하고 있을 때가 더 아름답게 보인다는 사실을 여러분들도 알겠지요?"

---

24 페이산드로스는 대략 펠로폰네소스 전쟁 당시 대중선동가로 어느 정도 영향력을 가졌던 사람이다. 그는 몇 가지 약점들을 지녔는데, 특히 그의 군사 기록은 여러 희극 작가들에 의해 풍자 대상이 되었다. 아리스토파네스의 《새》 1553 이하 참고.

카르미데스가 말했다. "제가 보기에는 선생님이 무용교사를 칭찬하는 듯하군요."

16. 소크라테스가 대답했다. "신에게 맹세코 그러하지요. 그리고 저는 동시에 다른 어떤 사실을 주목했습니다. 즉 저 소년이 춤추는 동안 그의 몸 중 어느 부분도 결코 놀고 있지 않고, 그의 목과 다리 그리고 손들이 모두 동시에 운동한다는 점입니다. 육체의 유연성을 키우고자 하는 자가 해야 하는 방식 그대로 저 소년은 무용했다는 말이지요."

그가 계속 이어 말했다. "쉬라쿠사이에서 온 사람이여, 저는 정말로 기꺼이 당신으로부터 저 동작들을 배우고 싶소이다."

그가 대답했다. "그것들을 무엇에 쓰시게요?"

"정말로 춤을 출 겁니다."

17. 이 말에 모든 사람이 웃었다. 하지만 소크라테스 자신은 정말 심각한 표정을 얼굴에 띠며 말했다. "당신들은 저를 비웃고 있지요? 당신들이 웃는 것은 제가 운동해서 더 건강해지기를 원하기 때문인가요? 아니면 제가 더 잘 먹고 잘 자는 것을 원하기 때문인가요? 아니면 제가 이와 같은 운동—이 운동은 장거리 달리기처럼 어깨를 약하게 하는 대신 다리 근육을 단련하는 것도 아니고, 권투처럼 어깨 근육을 단련하기는 하지만 다리를 약하게 하지도 않으며, 오히려 전신을 고루 운동시켜서 몸 전체를 균형 있게 만들어 줍니다—을 열망하기 때문인가요? 18. 이도 저도 아니면, 노인인 제가

함께 운동할 동료를 찾을 필요도 없고 군중들 속에서 옷을 벗을 필요도 없이, 일곱 개의 침상이 있는 방[25]을 구해서, 마치 지금 저 노예 소년이 땀 흘리며 운동하기에 이 방이 충분했듯이, 겨울에는 지붕 아래서 따뜻하게 운동하고 너무 더울 때는 그늘에서 시원하게 운동할 것이기 때문에 당신들이 웃는 겁니까? 19. 혹은 당신들은 제가 지나치게 부푼 배를 좀 더 날씬하게 줄이려고 해서 웃는 건가요? 혹시 당신들은 여기 앉은 카르미데스가 며칠 전 아침 일찍 저의 춤추는 모습을 목격했다는 사실을 모르고 있나요?"

카르미데스가 말했다. "신에게 맹세코 저는 그 광경을 목격했습니다. 처음에 저는 아연실색해서, 당신이 실성한 것이 아닌가 두려웠죠. 하지만 지금 말씀하시는 것과 유사한 것들을 당신한테서 들은 후, 저 자신도 집으로 와서—저는 춤을 배워본 적이 없어서 춤을 추지는 않았지만—혼자서 권투 연습을 했습니다. 그것은 저도 할 줄 아니까요."

20. 필립보스가 끼어들었다. "물론 그렇겠지요. 그러니까 당신의 다리가 이렇게 당신의 어깨와 거의 같은 힘(또는 무게)을 가지듯 보이는 것이겠지요. 그러니까 제가 생각하기에, 당신이 시장 감시원들[26]

---

25 즉 소크라테스에게 알맞은 크기의 방.

26 아테나이는 곡물 대부분을 수입에 의존했기 때문에, 소비자를 보호하고 투기나 가격 인상을 억제하기 위해, 시장을 관리하고 통제할 관리 체계를 발전시켰다. 이를 담당한 공무원 중 한 부류(agoranomos)는 빵의 무게와 가격을 조절했다.

에게 가서, 마치 빵 무게를 달듯이, 당신 하체의 무게를 상체와 비교해서 재 본다면, 당신은 벌금을 내지 않고 풀려날 거요."

이때 칼리아스가 말했다. "소크라테스 선생님! 춤추는 것을 배우기 시작하면 저를 불러 주세요. 제가 당신과 짝을 맞추어 함께 배울 수 있도록 말씀입니다."

21. 필립보스가 말했다. "자! 저를 위해 플루트 곡을 연주하게 해주세요. 저도 춤추고 싶습니다."

이렇게 말하고 필립보스는 일어섰다. 그리고 그는 노예 소년과 무용수의 춤을 상세히 흉내 냈다. 22. 처음에는 무용 동작의 우아함으로 인해 소년의 신체적 아름다움이 더 증대되는 듯이 보였기 때문에 관중들이 환호했다. 그러자 필립보스는 자연스러운 동작보다 더 우스꽝스럽게 보이도록 몸의 각 부분을 괴상하게 움직여서, 춤동작을 익살스럽게 희화했다. 가령 여자 무용수는 뒤로 숙임으로써 몸을 링처럼 둥글게 만든 반면, 필립보스는 몸을 앞으로 숙임으로써 그 동작을 흉내 내려고 했다. 나중에 소년이 춤추면서 몸의 각 부분을 움직이자 사람들은 소년을 칭송했다. 그래서 그는 플루트 연주자에게 더 빠른 박자로 연주하라고 말하고서, 다리와 팔 그리고 머리를 동시에 흔들었다. 23. 이윽고 기진맥진해지자, 무용수 소년은 주저앉으며 말했다. "여러분, 저의 춤 동작이 운동 효과도 크다는 사실을 보여주는 증거가 여기 있습니다. 저는 목이 마르거든요. 노예 소년이 저에게 마실 것을 사발 가득 채우도록 명령해 주십시오."

그러자 칼리아스가 대답했다. "물론이다. 그리고 우리에게도 한 잔 따르도록 하라. 너를 보고 웃었더니 우리도 목이 마르는구나."

24. 소크라테스가 다시 말했다. "사람들이여, 저도 한 잔 마시는 것이 정말 좋겠다는 생각이 드는군요. 왜냐하면, 진실로 포도주는 사람들의 영혼을 상쾌하게 적셔 주며[27]—만드레이크[28]가 사람들을 잠재우는 것처럼—우리의 고통을 잠 재우기 때문이지요. 또한, 마치 기름 이 불꽃을 크게 일으키듯이, 포도주 는 친밀한 감정(혹은 즐거운 감정)을 촉 발한답니다. 25. 하지만 제가 생각하 기에, 사람들의 몸은 땅에서 자라는

만드레이크

식물들이 겪는 것과 동일한 현상을 경험하는 듯하군요. 왜냐하면, 신이 식물에 비를 한꺼번에 퍼붓는 경우, 식물은 똑바로 일어서지 도 못하고 미풍에 숨 쉬지도 못하지만, 식물이 기꺼이 원하는 만큼 만 수분을 얻으면, 곧게 잘 자라서 꽃 피고 열매 맺을 수 있기 때문 입니다. 26. 이와 마찬가지로, 우리도 너무 다량으로 술을 마시면, 금 방 우리 몸과 판단력이 헝클어지고 숨쉬기도 힘들어지며 의미 있

---

27 이 구절은 아리스토파네스의 《기사들》 96과 114를 연상시킨다.

28 마취제로 사용되는 식물.

는 말을 할 수 없게 됩니다. 하지만 만약 노예 소년들이 우리의 작은 잔에다가 술을 자주 '한 방울씩 따라 준다면(epipsakazein)'—저도 고르기아스의 표현[29]을 빌어 이렇게 말해 보겠습니다—우리는 술에 만취하는 게 아니라 술에 이끌려 좀 더 장난스러운(또는 쾌활한) 상태에 도달하게 될 것입니다."

27. 모든 사람이 옳다고 여겼다. 필립보스는 술 따르는 사람들은 마차를 능숙하게 모는 사람들을 흉내 내야 한다는 말을 덧붙였다. 즉 빠른 속도로 술잔을 돌려야 한다는 것이다. 그래서 술 따르는 사람들은 그렇게 했다.

**III.** 그러고 나서 소년은 플루트 소리에 화음을 맞추어 뤼라를 연주하면서 노래를 불렀다. 이에 모든 사람이 칭찬했다. 카르미데스는 다음과 같이 말하기까지 했다. "여러분, 제가 보기에, 조금 전 소크라테스가 포도주에 대해 말씀하셨듯이, 소년들의 육체적 아름다움과 미성의 이러한 조화는 고통을 잠재우고 사랑의 신 아프로디테를 일깨우는 듯합니다."

2. 그러자 소크라테스가 다시 말했다. "여러분, 이 사람들은 우리를 즐겁게 할 만큼 충분한 능력이 있다고 생각되는군요. 하지만 우리가 우리 자신을 저들보다 훨씬 뛰어난 사람들로 여긴다는 사실

---

29 고르기아스는 당대의 가장 유명한 웅변가이자 수사학 교사였다. 그의 연설은 초심자에게 매우 현란해 보였으나, 지나치게 형식적이고 화려했다. 아리스토텔레스는 고르기아스의 비유가 너무 억지스럽다고 비판했다. 《수사학》III, iii, 4 (1406 b4 이하) 참고.

을 저는 알고 있습니다. 그렇다면 우리가 이렇게 함께 있으면서, 서로에게 어떤 점에서 이롭게 하거나 즐겁게 하려고 시도하지 않는다면 그건 부끄러운 일이 아니겠습니까?"

이에 많은 사람이 대답했다. "그러면 당신이 우리를 인도해 주시죠. 그래서 우리가 당신이 염두에 두고 있는 일들을 가장 잘 이행하려면, 어떤 것부터 논의하기 시작해야 하는지 말해 주세요."

3. 소크라테스가 말했다. "저로서는 칼리아스가 약속을 이행해 주면 참 좋겠습니다. 왜냐하면, 만약 우리가 그와 함께 식사하면 자기 자신의 현명함을 증명해 보이겠다고 그가 말했기 때문이지요."

칼리아스가 대답했다. "물론 증명해 보이겠습니다. 하지만 당신들 역시 각자가 알고 있는 유용한 지식을 회중 앞에 내놓아야 합니다."

소크라테스가 대답했다. "스스로 가장 큰 가치가 있다고 여기는 지식을 당신에게 말하는 데 어느 누구도 반대하지 않습니다."

4. 칼리아스가 말했다. "좋습니다. 그러면 제가 가장 자부심을 가진 점을 여러분께 말씀드리죠. 저는 사람들을 더 뛰어나게 만드는 일에 재주가 있다고 생각합니다."

이때 안티스테네스가 물었다. "당신은 수공기술을 가르쳐서 사람들을 더 뛰어나게 만드는 건가요, 아니면 '훌륭하고 좋음(kalokagathia)'을 가르쳐서 그렇게 하나요?"

칼리아스가 대답했다. "후자입니다. 만약 정의로움이 '훌륭하고 좋음'과 동일하다면 말이지요."

안티스테네스가 말했다. "물론 그렇습니다. 더구나 정의로움은 논란의 여지가 거의 없는 것이기도 하지요. 왜냐하면, 용기나 현명함은 친구들이나 국가에 해롭다는 생각이 들 때도 가끔 있지만, 정의와 부정의가 한 지점에서 합쳐지는 일은 전혀 없기 때문입니다."

5. "그러면 제공할 수 있는 이득이 무엇인지 여러분들 각자가 말하고 있으니, 제가 어떤 기술을 통해서 이런 일을 성취할 수 있는지 저도 꺼리지 않고 말하겠습니다." 이렇게 말하면서 칼리아스는 제안했다. "니케라토스여, 이번에는 당신이 말해 보시오. 당신은 어떤 것을 아는 데 자랑스럽게 여기나요?"

니케라토스가 대답했다. "저의 아버지는 저를 훌륭한 사람으로 만들려고 애쓰셨습니다. 그래서 제가 호메로스의 모든 구절을 암송하게 시키셨습니다. 지금도 저는《일리아스》와《오뒷세이아》전체를 암송할 수 있습니다."

6. 안티스테네스가 물었다. "음유시인들[30] 또한, 모두 이 서사시를 알고 있다는 사실을 당신은 깜박 잊었습니까?"

니케라토스가 대답했다. "저는 거의 날마다 음유시인들의 노랫소리를 듣는데, 어떻게 그것을 깜박 잊을 수 있겠습니까?"

---

30 음유 시인(rhapsodos)는 직업적으로 서사시를 암송하던 시인이었다. 하지만 크세노폰의 몇몇 작품에서 음유시인들은 소크라테스에 의해 비판받는 것으로 묘사되고 있다. Memorabilia IV. ii. 10 참고.

안티스테네스가 다시 물었다. "당신은 음유시인들보다 더 멍청한 인간 종족을 하나라도 알고 있습니까?"

니케라토스가 대답했다. "신에게 맹세코 그렇지 않습니다. 저에게는 그런 종족이 없다는 생각이 듭니다."

그러자 소크라테스가 말했다. "물론 없습니다. 그리고 그 이유는 분명합니다. 왜냐하면, 음유시인들은 시의 숨은 뜻을 알지 못하기 때문이지요. 당신은 이미 스테심브로토스, 아낙사고라스 그리고 다른 많은 호메로스 비평가들에게 큰돈을 지급했습니다. 그래서 그들의 값진 가르침 중 어떤 것도 간과하지 않게 된 것이지요."

7. 소크라테스가 계속 말했다. "크리토불로스여, 당신은 어떤 점에서 최고로 자부심을 느끼나요?"

크리토불로스는 대답했다. "아름다움에서입니다."

소크라테스가 말했다. "그러면 당신도 당신의 아름다움으로 인해 우리를 더 나은 사람으로 만들 능력이 있다고 주장할 수 있습니까?"

그러자 크리토불로스가 대답했다. "만약 그렇지 못하다면, 저는 별 볼 일 없는 인물로 보일 것이 틀림없습니다."[31]

8. 소크라테스가 말했다. "안티스테네스여, 당신은 어떠한가요? 당신은 무슨 일에 자부심을 느끼나요?"

---

31 크리토불로스는 아름다움이 자신의 유일한 자랑거리라고 여기는 듯하다.

안티스테네스가 대답했다.

"그야 부유함에서죠."

아테네의 오볼 은화
(기원전 449년경)

그러자 헤르모게네스는 안티스테네스가 돈을 많이 소유하고 있는지 물었다. 그러나 안티스테네스는 자신은 한 푼(1 오볼[32])도 없다고 맹세했다.

"그러면 당신은 넓은 땅을 소유하고 있습니까?"

안티스테네스가 대답했다. "아마도 그럴 수 있겠죠. 여기 앉은 아우톨뤼코스가 몸에 모래를 묻힐 만큼의 땅덩어리는 될 거니까요."[33]

9. "당신의 말도 들어 보아야겠군요. 카르미데스여, 당신은 어떻습니까?" 그가 계속 이어 물었다. "당신은 어떤 일에 자부심을 느낍니까?"

카르미데스가 대답했다. "저는 반대로, 가난하다는 데 자부심을 느낍니다."

소크라테스가 말했다. "신에게 맹세컨대, 당신은 정말로 매력적인 일에 자부심을 느끼는군요. 왜냐하면, 가난은 질투를 일으키는

---

32 1오볼은 1/6드라크마이며, 군인의 하루 일당이 1드라크마였다.

33 운동선수(특히 레슬링)는 그의 피부에 올리브 기름을 바른 후, 한 움큼 정도의 마른 모래를 몸에 발랐다.

일도 거의 없고, 싸움의 동기가 되는 경우도 거의 없으며, 지킬 필요도 없이 잘 보존되고, 돌보지 않아도 더 강력해지기 때문이죠."

10. 이때 칼리아스가 물었다. "소크라테스여, 당신은 어떻습니까? 당신은 어떤 것에 대해서 자부심을 느낍니까?"

그러자 소크라테스는 아주 심각한 표정을 지으면서 말했다. "뚜쟁이술(또는 중개술)이지요."

회중들이 그의 말에 웃음을 터뜨리자, 그가 다시 말했다. "물론 여러분은 웃을 수도 있지요. 하지만 저 자신이 이 기술을 사용하려고 시도할 경우 어마어마한 돈을 벌 수 있다는 사실을 저는 알고 있습니다."

11. 이때 뤼콘이 필립보스에게 말했다. "당신은 명백히 남들을 웃기는 능력이 있다고 자부하겠군요."

필립보스가 답했다. "그래도 저는 배우 칼리피데스[34]보다 더 떳떳하게 저의 능력을 자랑할 수 있습니다. 칼리피데스는 많은 관중을 울리는 능력이 있다는 이유로 거만을 떨고 있죠."

12. 안티스테네스가 말했다. "뤼콘이여, 그러면 이제 당신도 어떤 일에 자부심을 가졌는지 말씀해 주시겠습니까?"

그가 대답했다. "제가 저기 앉은 제 아들 (즉 아우톨뤼코스) 때문에 목에 힘주고 다닌다는 사실을 당신들 모두가 아시지 않습니까?"

---

34 칼리피데스는 아마도 당대에 가장 이름난 비극 배우로 간주되는 인물이다.

그러자 어떤 사람이 말했다. "저 친구는 정말이지 자기가 팡크라티온 경기에서 이겼다고 뽐내는 것이 분명합니다."

그리자 아우톨뤼코스는 얼굴이 빨개져서 말했다. "신에게 맹세합니다. 저는 뽐내고 있지 않습니다."

13. 모든 회중은 아우톨뤼코스가 말하는 것을 듣고서 기뻐서 그를 쳐다보았다. 이때 어떤 사람이 말했다. "아우톨뤼코스여, 그러면 자네는 어떤 것에 자부심을 느끼나?"

그가 대답했다. "우리 아버지입니다." 그는 이렇게 말하면서 아버지에게 기댔다.

칼리아스는 이것을 보고서 말했다. "뤼콘이여, 당신은 자신이 사람 중 가장 부유하다는 사실을 알고 있습니까?"

뤼콘이 대답했다. "신에게 맹세코 저는 정말로 그런 사실을 모르고 있습니다."

"당신은 아들을 제왕의 부와도 바꾸지 않으리라는 점을 잊어버렸습니까?"

뤼콘이 대답했다. "이제 저는 범행 현장에서 체포되었군요. 이제 저 자신이 세상 사람 중에서 가장 부유하다는 생각이 듭니다."

14. 니케라토스가 말했다. "헤르모게네스여, 당신은 어떤 것에서 가장 기쁨을 느낍니까?"

헤르모게네스가 대답했다. "친애하는 사람들의 탁월함(arete)과 힘에 있어서이지요. 그리고 이처럼 우수한 사람들이 저를 돌보아 준다는 사실 또한 저를 기쁘게 합니다."

그러자 모든 사람의 시선이 헤르모게네스에게 집중되었다. 동시에 많은 사람이 자신들에게도 그의 친구들이 누구인지 보여줄 수 있는지 물었다. 헤르모게네스는 친구 공개하는 것을 꺼리지 않을 것이라고 대답했다.

**IV.** 이때 소크라테스가 말했다. "그러면 이제 우리 각자가 획득했다고 공언한 것이 실제로 큰 가치가 있다는 것을 증명하는 일이 남았군요."

칼리아스가 말했다. "먼저 저의 이야기를 들어 보시지요. 정의로움이란 무엇이냐를 당신들이 궁리하는 것을 듣는 동안, 저는 실제로 사람들을 더 정의롭게 만드니까요."

그러자 소크라테스가 물었다. "어떻게 그럴 수 있나요, 훌륭한 자여?"

칼리아스가 대답했다. "물론 그들에게 돈을 줌으로써이지요."

2. 이때 안티스테네스가 벌떡 일어서더니, 아주 논쟁적인 어조로 칼리아스에게 물었다. "칼리아스여, 당신이 생각하기에, 사람들이 정의로움을 마음속에 가지는 것인가요, 아니면 지갑 안에 가지는 것인가요?"

칼리아스가 대답했다. "마음속에 가지는 것이지요."

"그러면 당신은 사람들의 지갑 속에 돈을 넣어 줌으로써 그들의 마음을 더 정의롭게 만든다는 건가요?"

"물론이지요."

"어떻게 그럴 수 있나요?"

"왜냐하면, 돈이란 생필품을 살 수 있는 수단임을 사람들이 알기 때문에, (돈을 얻으면) 위험을 감수하면서까지 나쁜 일을 저지르려 하지 않기 때문이지요."

3. 안티스테네스가 다시 물었다. "그러면 사람들이 당신에게서 얻어간 돈을 다시 당신에게 돌려주나요?"

칼리아스가 대답했다. "신에게 맹세코, 그건 아닙니다."

"그러면 어떻습니까? 사람들이 금전의 대가로 당신에게 감사의 뜻을 가지나요?"

칼리아스가 대답했다. "신에게 맹세코 그렇지도 않습니다. 오히려 어떤 사람들은 돈을 받기 전보다 저에게 더 적대적입니다."

그러자 안티스테네스는 칼리아스를 심문하려는 듯 뚫어지게 쳐다보면서 말했다. "그것참 놀라운 일이네요. 당신은 그 사람들을 다른 사람들에 대해서는 정의롭게 만들면서, 정작 당신 자신에 대해서는 그렇게 하지 못하는군요."

4. 칼리아스가 물었다. "뭐가 그렇게 놀랍다는 겁니까? 당신은 여러 목수나 건축가가 다른 많은 사람에게는 집을 만들어 주면서도, 자신들에게는 그럴 만한 능력이 없어서, 세 들어 산다는 사실을 모릅니까? 궤변가 양반, 이제 속 차리고 당신이 논박당했음을 인정하시지?"

5. 이때 소크라테스가 말했다. "옳습니다. 저 사람은 속 차리라고 합시다. 왜냐하면, 점쟁이들도 다른 사람들에게는 미래를 예언해 주지만, 정작 자기 운명은 미리 보지 못한다고 이야기되니까요."

이 논의는 여기에서 끝났다.

6. 그런 다음 니케라토스가 말했다. "지금부터 저는 여러분들이 저와 함께 계실 경우 어떤 점에서 더 훌륭하게 될 것인지 말해 보겠습니다. 한 번 들어 보세요. 여러분도 잘 아시다시피, 현자 중의 으뜸인 호메로스는 거의 모든 인생사에 관해 노래했습니다. 그러므로

호메로스의 흉상
(헬레니즘 시대 원본을 기원전 2세기
경 로마 시대에 복제한 조각작품)

여러분들 가운데 가정을 잘 경영하는 사람[35]이나 정치 지도자, 장군이 되려는 분이 계신다면, 혹은 아킬레우스, 아이아스, 네스토르 또는 오뒷세우스처럼 훌륭하게 되려는 분이 계신다면, 저에게 잘 보여야 합니다. 왜냐하면, 제가 이런 일 모두를 알고 있거든요."

그러자 안티스테네스가 말했다. "그러면 당신은 왕 역할을 하는 법도 알고 계시나요? 왜냐하면, 아시다시

---

35 oikonomikos : 경영인.

피 호메로스는 아가멤논을 '훌륭한 왕이자 강력한 창병'[36]이라고 칭찬했기 때문이죠."

니케라토스가 대답했다. "물론이지요. 게다가 저는 전차를 모는 사람은 반환점 가까이에서 돌아야 한다[37]는 사실도 알지요. 또한 '그는 반짝거리는 전차 위에서 말들의 왼쪽으로 살짝 기울여야 합니다. 그리고 오른쪽의 말을 자극하고 독려하며 손에서 고삐를 늦추어 주어야 하지요.'[38] 7. 이 밖에도 저는 다른 것을 알고 있는데, 여러분들은 곧바로 시험해 보실 수 있습니다. 왜냐하면, 호메로스는 어딘가에서 '양파 또한 술맛을 돋운다[39]고 말했기 때문이죠. 그러니까 어떤 사람이 양파를 가져오면, 당신들은 곧바로 그 효능을 얻게 될 겁니다. 더 즐겁게 술을 마실 수 있을 테니까요."

8. 이때 카르미데스가 말했다. "여러분, 니케라토스는 양파 냄새를 풍기면서 집에 가려고 그러는 겁니다. 누구도 그와 키스할 엄두를 내지 못했다는 것을 그의 아내가 믿게 하겠다는 거지요."

소크라테스가 말했다. "물론입니다. 하지만 우리는 다른 우스꽝스러운 풍문을 얻게 될 위험에 처하고 말았습니다. 왜냐하면, 양파

---

36 《일리아스》 iii 179.

37 《일리아스》 xxiii 323, 334.

38 《일리아스》 xxiii 335—337.

39 《일리아스》 xi 630.

는 음식 맛뿐 아니라 술맛도 좋게 해 주므로, 진정으로 맛을 돋우는 것으로 생각됩니다만, 만일 우리가 양파를 식사와 함께 먹을 뿐 아니라 식사 후에도 먹는다면, 우리가 칼리아스의 집에 온 것이 순전히 먹고 즐기기 위해서라고 혹자가 말하지나 않을까 주의해야 합니다."

9. 그가 대답했다. "소크라테스여, 그럴 순 없죠. 싸우러 나가는 사람이 양파를 미리 먹어 두는 것은 좋은 일입니다. 마치 어떤 사람들이 투계에게 마늘을 먹이고 싸움을 붙이는 것과 같은 이치이지요. 하지만 아마도 우리가 원하는 것은 서로 싸우자는 것이 아니라, 서로 사랑하자는 것입니다."

이렇게 해서 이와 같은 논의도 끝났다.

10. 그런 다음 크리토불로스가 말했다. "그러면 이번에는 제가 어떤 근거로 저의 아름다움에 자부심을 느끼는지 이야기해 볼까요?"

좌중들이 말했다. "이야기해 보시오."

"그러니까 만일 제가 미남이 아니라면—물론 저는 저 자신은 미남이라고 생각하지만—, 여러분은 마땅히 사기죄로 재판받아야 할 것입니다. 왜냐하면, 아무도 당신들에게 맹세하라고 시키지 않았는데도, 여러분들은 항상 제가 잘 생겼다고 맹세하기 때문이지요. 물론 저도 여러분들을 믿습니다. 왜냐하면, 저는 당신들이 훌륭하고 좋은 사람들이라고 생각하기 때문입니다. 11. 하지만 만일 제가 정말로 잘 생겼고, 또 제가 (저의 눈으로 보기에) 잘 생긴 사람에 대

해서 느끼는 것과 똑같은 감정을 여러분들이 저에 대해서 느끼신
다면, 저는 아름다움 대신 페르시아 왕의 권력을 택하지 않을 것이
라고 모든 신께 맹세합니다. 12. 왜냐하면, 지금 저에게는 인간 세상
의 다른 모든 아름다운 것들보다도 클레이니아스[40]를 바라보는 일
이 훨씬 즐거우니까요. 클레이니아스 한 사람을 볼 수 없는 것보다
다른 모든 것에 장님이 되는 게 낫습니다. 밤이나 잠잘 때면 저는
그를 보지 못한다는 사실이 너무 괴롭습니다. 반면 해가 쨍쨍한 낮
에는 큰 기쁨을 느낍니다. 밝은 대낮은 클레이니아스의 모습을 저
에게 다시 보여주니까요. 13. 우리처럼 잘 생긴 사람들은 다음과 같
은 사실에 자부심을 가질 자격이 있습니다. 즉 힘이 센 사람은 스스
로 고생을 해서 좋은 것들을 얻어야 하고, 용맹스런 사람들은 위험
을 감수해서 좋은 것들을 얻어야 하며, 현명한 사람들은 말을 통해
서 좋은 것을 얻어야 합니다. 반면 잘 생긴 사람은 가만히 있으면서
도 모든 일을 성취할 수 있습니다. 14. 저로 말하자면, 비록 저도 돈
을 소유하는 것이 즐거운 일임을 알지만, 다른 사람으로부터 재산
을 더 얻느니보다는 클레이니아스에게 제가 가진 것들을 기꺼이 주
겠습니다. 또한, 만약 클레이니아스가 저를 지배하고 싶다면, 저는
자유인으로 지내는 것보다는 노예가 되기를 택하겠습니다. 왜냐하
면, 가만히 쉬는 것보다 그를 위해 고생하는 편이 더 쉽기 때문이지

---

40 클레이니아스는 알키비아데스의 사촌 동생이었다.

요. 또한, 안전하게 사느니보다는 그를 위해 위험을 무릅쓰는 것이 더 즐겁습니다. 15. 그러니까, 칼리아스여, 만약 당신이 다른 사람들을 더 정의롭게 만들 수 있다는 점에 자부심을 느낀다면, 저는 사람들을 모든 종류의 탁월함으로 인도할 수 있다고, 당신이 주장하는 것보다 더 정당하게 말할 수 있습니다. 왜냐하면, 우리 미남들은 사랑에 빠진 사람들에게 어떤 영감을 불어넣음으로써, 이들을 돈 문제에서 더욱 관대하게 만들고, 위험한 상황에 부닥쳤을 때 고통을 더 잘 참고 명예를 더욱 사랑하게 하며, 이들을 정말로 더욱 겸손하고 자기 절제력이 있도록 만들어 주기 때문입니다. 더구나 이들은 자신이 가장 필요로 하는 바로 그것에 대해서 부끄러움을 느끼게 되는 것입니다. 16. 한편 잘생긴 사람들을 장군으로 선출하지 않는 자들은 정신 나간 사람들입니다. (다른 사람들은 어떨지 모르겠지만) 저는 정말로 클레이니아스와 함께라면 불 속이라도 뛰어들 겁니다. 물론 당신들도 저와 함께 불 속에 뛰어들겠지만요. 그러므로 소크라테스여, 다시는 저의 아름다움이 사람들에게 이득을 줄 것인지 아닌지 하는 문제로 고민하지 마세요. 17. 또한, 아름다움이 빨리 시들어 버린다고 해서 이것을 무시하면 안 될 것입니다. 왜냐하면, 아이가 아름다울 수 있는 것처럼, 청년이나 성인, 노인이 아름다운 경우도 있기 때문입니다. 다음과 같은 사실을 제 말의 증거로 제시하겠습니다. 사람들은 아테나 여신에게 화환(올리브 나뭇가지)을 씌우는 사람으로 아름다운 노인들을 선발합니다. 왜냐하면, 아름다움은 모든 나이에 깃들 수 있으니까요. 18. 더구나 만일 우리가 원하는 것을, (억지로가 아니라) 주는 사람의 자발적 의지 때문에 얻는 것이 즐거운 일이라면, 저는 지금 아무 말 하지 않고서도 소크라테스 당신보다 더 빨리 여기 있는 소년과 소녀를 설득해서 저에게 키스하도록 만들 수 있다는 사실을 잘 알고 있습니다. 당신이 현명한 일들을 아무리 많이 이야기하더라도 말입니다."

19. 소크라테스가 말했다. "어떻게 그럴 수 있습니까? 당신은 스스로가 저보다 더 아름답다는 듯 뽐내고 있군요."

크리토불로스가 대답했다. "신에게 맹세코 그렇습니다. 만일 그렇지 않다면, 저는 사튀로스 극에 나오는 모든 세일레노스[41] 중 가장 추한 자가 될 겁니다."

그런데 공교롭게도 진짜로 세일레노스와 닮은 것은

뤼라를 들고 걸어가는 세일레노스들
(판아테나이아 축제 중 한 장면, 기원전 420년경)

---

41 세일레노스는 희랍의 시가에서 디오뉘소스의 수행인으로 묘사되고 있으며, 때로는 어린 디오뉘소스의 수양 아버지였다고 말해지기도 한다. 하지만 본래 세일레노스는 봄과 흐르는 물을 관장하는 리디아의 신이었다. 희랍의 회화나 조각은 세일레노스를 매우 상스러운 모습으로 그리고 있지만, 사튀로스 극에서는 일반적으로 세일레노스 복장을 한 사람들이 코러스 역할을 맡았다.

소크라테스였다.[42]

20. 이때 소크라테스가 말했다. "자, 그러면, 지금 당면한 논의가 일단락되고 나면, 우리 둘 중 누가 더 아름다운지 심사받을 것을 기억해 두시오. 하지만 프리아모스의 아들 알렉산드로스[43]가 우리를 심사하는 것이 아니라, 당신이 키스 받기 원하는 바로 이 사람들이 심사하도록 합시다."

21. 크리토불로스가 물었다. "소크라테스여, 클레이니아스에게 판결권을 주시지 않겠습니까?"

소크라테스가 대답했다. "클레이니아스에 대해 생각하는 것 좀 멈출 수 없습니까?"

그러자 크리토불로스가 대답했다. "제가 그의 이름을 언급하지 않는다고 해서, 그를 덜 생각하리라고 보십니까? 제가 그의 영상을 제 마음속에 너무도 선명히 가지고 있어서, 만약 제가 조각가이거나 화가라면, 그가 제 앞에 있을 때 못지않게 그의 영상을 떠올리면서 그 모상을 만들 수 있다는 사실을 당신은 모르십니까?"

---

42 플라톤의 대화편 중 몇몇 구절(Symposion 215a,b,e; 216c,d; 221d,e)에서 알키비아데스는 소크라테스의 모습을 세일레노스, 또는 사튀로스 마르쉬아스에 비유하고 있다.

43 트로이의 왕자 파리스의 별명. "알렉산드로스"란 "적들을 몰아내는 자"를 의미하는데, 파리스는 목동 시절 도둑들을 몰아냈기 때문에 이런 별명을 얻게 되었다. 나중에 파리스는 헤라와 아테나, 그리고 아프로디테 중 가장 아름다운 여신이 누구인지 심사하게 되나, 이 사건은 결국 트로이 전쟁의 계기가 된다.

22. 소크라테스가 대답했다. "만약에 당신이 그처럼 충실한 영상을 마음속에 가지고 있다면, 어째서 당신이 몸소 그를 볼 수 있는 장소로 저를 데리고 가느라 저를 고생시키려고 하는가요?"

크리토불로스가 대답했다. "소크라테스여, 왜냐하면 그의 모습을 몸소 보는 것에는 사람을 기쁘게 하는 능력이 있기 때문입니다. 반면에 그의 영상을 보는 것은 즐거움을 제공하는 것이 아니라, 그에 대한 갈망을 마음속에 심어 줄 뿐이랍니다."

23. 그러자 헤르모게네스가 말했다. "소크라테스여, 크리토불로스가 이처럼 사랑에 불타오르는데, 이걸 묵과하는 것은 당신에게 어울리지 않는다고 저는 생각합니다."

그러자 소크라테스가 말했다. "그러면 당신은 저 사람이 나와 함께 있었기 때문에 이렇게 되었다고 생각하는 겁니까?"

헤르모게네스가 물었다. "그렇지 않다면 언제 이렇게 된 건가요?"

소크라테스가 대답했다. "당신은 이 친구의 귀 주변에 이제 막 구레나룻이 자라기 시작한 것을 보지 못하나요? 반면 클레이니아스는 이미 목덜미까지 수염이 자랐지 않았습니까? 그러니까 크리토불로스는 클레이니아스와 같은 학교에서 공부하면서 이렇게 강렬히 사랑에 빠지게 된 거지요. 24. 그의 아버지가 이것을 알고서, 혹시 제가 그에게 도움이 될까 하여 저에게 그를 맡긴 겁니다. 물론 그래서 훨씬 나아졌습니다. 왜냐하면, 이전에는 마치 고르곤을 쳐다보는 사람처럼 돌같이 굳어서 클레이니아스만 바라보고, 그의 곁에서 떠나지 않으려고 했기 때문입니다. 하지만 지금 저는 그가 눈을 깜박거리는 것을 보았습니다. 25. 그러니까 여러분, 신들께 맹세코 저에게는 다음과 같은 생각이 듭니다."

소크라테스는 계속 이어 말했다. "이건 우리끼리 얘기입니다만, 이 친구가 이미 클레이니아스와 키스한 것 같습니다. 이것보다 더 강력하게 사랑에 불을 지피는 일은 없지요. 왜냐하면, 이것은 만족을 모르는 일이며, 달콤한 희망을 제공해 주니까요. 26. 그래서 저는 자기 절제력을 가지고자 하는 사람은 갓 피어나는 젊은이에게 키스하는 일을 자제해야 한다고 주장하는 겁니다."

27. 그러자 카르미데스가 물었다. "소크라테스여, 도대체 무슨 근거로 당신은 그의 친구인 우리를 이렇게 겁주어서, 잘 생긴 사람들한테서 멀리 떨어지게 하는 건가요? 아폴론 신에게 맹세코 저는 당신 자신을 죽 보아왔습니다." 그가 계속 말했다. "일전에 당신들 둘 (즉 소크라테스와 크리토불로스)이 학교에서[44] 머리를 맞대고 앉아, 같은 책을 보며 무언가를 찾고 있는 광경을…… 그때 당신은 자신의 맨 어깨를 크리토불로스의 맨 어깨에 대고 있지 않았나요?"

28. 그러자 소크라테스가 말했다. "아아! 그때 저는 어떤 야생짐승에게 어깨를 물린 듯한 경험을 했답니다. 5일이 넘도록 저는 어깨

---

44 직역하면 "문법 교사의 집에서".

에 통증을 느꼈으며, 제 가슴속에 뭔가 찌르는 듯한 느낌이 들었습니다. 하지만 크리토불로스여, 저는 지금 여기 계신 모든 증인 앞에서 당신에게 명령합니다. 머리털만큼 텁수룩한 수염이 당신 턱에 자라기 전까지는 저에게 손대지 마시오."

이들은 정말로 이처럼 농담을 주고받는 동시에 심각한 대화도 나누었다.

29. 이때 칼리아스가 말했다. "카르미데스여, 이제 당신이 말할 차례입니다. 당신은 어째서 가난하다는 데 대해 자부심을 가지고 있나요?"

카르미데스가 대답했다. "그러니까 용기를 가지는 것이 두려워하는 것보다 더 낫고, 자유로움이 노예 상태보다 더 우월하며, 다른 사람들이 우리를 돌보아 주는 것이 우리가 다른 사람들을 돌보는 일보다 더 낫고, 국가의 신임을 얻는 편이 신임을 얻지 못하는 것보다 더 낫다는 점은 누구나 인정합니다. 30. 그런데 이 나라에서 제가 부자였을 때, 무엇보다 우선 어떤 놈이 우리 집 담 밑을 파고들어 와서 제 돈을 훔쳐가지나 않을까, 아니면 저 자신에게 어떤 해악을 끼치지나 않을까 저는 두려웠습니다. 그러다가 저는 나중에 허위로 비방하는 자들에게 굴복하고 말았습니다. 제가 그 사람들에게 해악을 끼치기보다는 수난을 당할 공산이 크다는 것을 알았기 때문이지요. 결국, 언제나 저는 어떤 경비를 지급하라는 명령을 정부로부터 받았고, 외국 어디로도 여행가지 못하게 되었죠.

31. 하지만 이제 외국에 있던 재산도 빼앗기고, 국내 재산으로부터 소득을 얻지도 못하고, 집안 재산을 다 처분하고 나니, 다리 쭉 뻗고 편안히 잘 수 있게 되었습니다. 또한, 국가로부터 신용을 얻었으며, 다시는 다른 사람으로부터 협박받지 않고 도리어 다른 사람들을 협박하게 되었습니다. 이제 저는 제가 원하는 대로 자유롭게 외국에 나가 살거나 아니면 이 나라 안에 살 수 있습니다. 사람들은 좌석에서 일어나 저에게 경의를 표하며 자리를 양보하고, 부자들도 저에게 길을 비켜 줍니다. 32. 이제 저는 참주와 같습니다. 물론 예전에는 노예처럼 지냈지요. 또한, 저는 예전에 데모스[45]에 세금을 지급했지만, 지금은 국가가 걷은 세금[46]을 저에게 제공해 주어 저를 먹여 살립니다. 더구나 제가 부자였을 때에는, 사람들은 제가 소크라테스와 함께 있는 것에 대해서도 비방했습니다. 하지만 이제 제가 가난하게 되니까, 더는 아무도 관심을 기울이지 않습니다. 또한, 제가 많은 돈을 가지고 있을 때는, 늘 국가나 (불)운에 의해서 조금씩 돈을 뜯겼으나, 지금은 아무것도 뜯기는 법이 없습니다. 왜냐하면, 저는 가진 것이 아무것도 없거든요. 오히려 저는 항상 무언가를 얻기를 바랍니다."

---

45 아테나이의 지도자 클레이스테네스는, 효율적이고 민주적인 행정과 통치를 위해서, 먼저 도시를 10개의 퓔레로 구분한 후, 다시 각 퓔레를 10개의 데모스(區)로 구분했다. 따라서 아테나이는 모두 100개의 데모스로 구성되었다.

46 빈곤자 구제금.

33. 칼리아스가 말했다. "그렇다면 당신은 결코 부자가 되지 않기를 기원하겠군요. 만약 당신이 좋은 꿈을 꾸면, 재앙을 막아주는 신들에게 제사 지낼 건가요?"

카르미데스가 대답했다. "맹세코 저는 그렇게까지는 하지 않습니다. 만약 제가 누군가로부터 어떤 것을 얻고자 소망한다면, 저는 위험을 감수하면서 기꺼이 참고 기다립니다."

34. 그러자 소크라테스가 말했다. "자, 그러면 이제 당신이 우리에게 한번 말해 보시오, 안티스테네스여. 당신은 어떻게 그토록 적은 것을 소유하고 있으면서도 부유함에 대해서 자부심을 가지는 건가요?"

그가 대답했다. "여러분, 저는 사람들이 부유함이나 가난함을 그들의 재산이 아니라 마음속에 가진다고 생각하기 때문입니다. 35. 공직에 있지 않은 많은 사람이 많은 돈을 가지고 있으면서도 스스로 가난하다고 생각하여, 더 많은 돈을 얻기 위해서라면 어떤 노고도 마다치 않고, 어떤 위험도 무릅쓰는 것을 저는 봅니다. 또한, 동등하게 유산을 물려받은 두 형제를 아는데, 한 사람은 소비를 충족시킬 만큼 충분한 재산을 가지고 있지만, 다른 한 사람은 완전히 빈곤 상태에 있습니다. 36. 또한, 어떤 독재자들은 너무나 돈을 갈망한 나머지 빈궁에 빠진 자들보다도 훨씬 더 무시무시한 일들을 저지른다는 것을 저는 알게 됐습니다. 왜냐하면, 결핍 (또는 가난) 때문에 어떤 사람들은 훔치고, 어떤 다른 사람들은 남의 집 담 밑을 파고

들어가서 도둑질을 하고, 또 어떤 다른 사람들은 노예로 팔아 넘겨지기 때문입니다. 하지만 모든 가정을 파괴하고 사람들을 무더기로 살해하며, 심지어 어떤 경우에는 도시 전체를, 돈 때문에, 노예로 만들어 버리는 어떤 독재자들도 있습니다. 37. 그러니까 저는 이런 사람들이 매우 심한 병에 걸린 것으로 생각하며, 이들을 동정합니다. 왜냐하면, 제가 생각하기에 이들은 많은 것을 소유하고 계속해서 먹으면서도 절대 만족하지 않는 사람들과 마찬가지의 질환에 시달리고 있기 때문이지요. 저 자신에 대해 말씀드리면, 저는 너무나 많은(!) 것들을 소유하고 있기에, 이것들을 저 자신이 발견하기 힘들 정도입니다. 그런데도 저는 배고프지 않게 먹을 만큼 충분히 넉넉히 가지고 있고, 목마르지 않을 만큼 충분히 마실 수 있으며, 여기에 함께 자리한 부자 양반 칼리아스보다 문밖에서 추위로 더 떨지 않을 정도로 충분히 옷이 있습니다. 38. 진실로 저는 집 안에 들어갈 때, 벽이 정말로 따뜻한 속옷(튜닉)이라고 생각하고, 지붕이 아주 두꺼운 외투라고 생각하며, 제 이부자리가 참으로 만족스럽다고 여겨서 아침에 자리에서 일어나는 일이 매우 힘들 지경입니다. 또한, 만약 제 몸이 여성과 성관계를 하는 것을 원하면, 저는 제가 처한 상황에 그토록 만족하기에, 제가 접근하는 여성들은 저를 아주 좋아합니다. 왜냐하면, 어떤 다른 남자도 그녀들에게 접근하려고 하지 않기 때문이지요. 39. 한마디로 말해서, 이 모든 일이 저에게는 너무도 즐거운 것으로 보여, 저는 이런 것들을 행함에서 더 즐겁게 되기를 바랄 수가 없습니다. 오히려 저는 덜 즐겁게 되기를 바라야 합니다. 그래서 저는 이들 중 몇몇은 이득보다 더 즐겁다고 생각합니다. 40. 저의 부유함에서 가장 가치 있는 소유는 다음과 같은 사실이라고 판단됩니다. 즉 어떤 사람이 제가 지금 소유하고 있는 것을 저로부터 빼앗더라도, 저에게 충분한 식량을 제공해 주지 못할 정도로 그렇게 형편없는 직업은 없다고 저는 봅니다. 41. 욕망을 한껏 충족시키기 원할 때도, 저는 시장에서 값진 물건을 사지 않습니다. 이것들은 비싸기 때문이죠. 그 대신 저는 이것들을 마음속에 갈무리해 둡니다. 저는 귀중한 어떤 것을 소유할 때보다는, 한참 기다리다가 제가 몹시 원하는 것을 받았을 경우, 훨씬 더 큰 쾌락을 얻습니다. 가령 지금 저는 이처럼 훌륭한 타시아스의 포도주를 우연히 얻어서, 목이 마르지도 않는데도 마시고 있지 않습니까? 42. 돈을 많이 버는 데 시선을 집중한 사람보다는 검소함에 시선을 집중한 사람이 정말로 더 정의로울 것이 이치에 맞습니다. 왜냐하면, 자신이 소유하고 있는 것에 만족하는 사람들은 다른 사람들의 것을 열망하지 않을 것이기 때문이지요. 43. 또한, 이러한 종류의 부유함이 사람들을 관대하게 만들어 준다는 사실에 주목할 필요가 있습니다. 여기 계신 소크라테스가 그 대표적인 예입니다. 왜냐하면, 저 자신도 이분으로부터 그러한 가르침[47]을 배웠는데, 그는 수나 무게의 제한을 두

47 정신적인 부유함.

고 저에게 제공해 준 것이 아니라, 제가 감당할 수 있을 정도라면 모두 주었기 때문입니다. 이제는 저도 누구라도 꺼리지 않고 모든 친구에게 저의 풍요로움을 증명해 보이며, 제 마음속에 있는 부유함을 원하는 사람이라면 누구에게나 나누어 줍니다. 44. 그런데 이것은 정말이지 놀라운 소유입니다! 당신들은 저에게 항상 여유가 넉넉히 있음을 보실 겁니다. 그래서 저는 볼 만한 것이 있으면 가서 보고, 들을 만한 것은 듣고, 더구나 유유자적하며 온종일 소크라테스와 함께 시간을 보낼 수—저는 이것을 가장 값지게 생각합니다—도 있습니다. 저와 마찬가지로 이분(소크라테스)도 금전을 가장 값진 대상으로 간주하는 자들을 존중하지 않고, 자신의 마음에 드는 사람들과 함께 지내며 시간을 보내지요."

45. 안티스테네스는 이렇게 말했다. 그러자 칼리아스가 말했다. "헤라 신에게 맹세하건대, 저는 당신의 부유함에 대해 몇 가지 점에서 감탄하는데, 첫째로 국가(또는 폴리스)가 당신을 노예로 부려 먹을 것을 명하지 않았다는 사실이 놀랍고, 둘째로 당신이 빌려주지 않는데도 사람들이 성내지 않는다는 사실이 놀랍습니다."

이때 니케라토스가 말했다. "절대로 그런 일로 그에게 감탄하지 마세요. 제가 그로부터 어떤 일도 두려워하지 않는 능력을 빌릴 테니까요. 저는 호메로스로부터 다음과 같이 세는 것을 배웠거든요.

'불이 닿지 않은'[48] 세 발 솥 일곱 개, 10탈란트 무게의 금

번쩍거리는 무쇠솥 스무 개, 열두 필의 말'[49]

　무게를 달고 숫자를 세면서 말이지요. 저는 엄청난 부를 쉼 없이 갈망하고 있거든요. 이런 이유로 아마도 어떤 사람들은 저를 돈만 밝히는 작자라고 여길 테지요."

　그러자 모든 사람은 그가 옳은 이야기를 했다고 생각하면서 크게 웃었다.

　46. 이때 어떤 사람이 말했다. "헤르모게네스여, 이제 당신이 누가 당신의 친구들인지 말할 차례요. 또한, 당신은 당신의 친구들이 대단한 능력이 있어 당신을 배려해 주고 있음을 입증해야 하오. 그래야 친구들에 대한 당신의 자부심이 정당하다고 생각될 테니까요."

　47. 헤르모게네스가 대답했다. "좋습니다. 우선 명백하게 희랍인들이나 이방인들은 신들이 현재의 일들과 미래의 일들 모두를 안다고 믿습니다. 적어도 모든 국가와 모든 민족은 그들이 어떤 일을 해야 하고 어떤 일을 해서는 안 되는가에 대해 신탁을 통해 신들에게 묻습니다. 한편 둘째로 분명히 우리는 신들이 우리에게 이득을 주거나 해악을 끼칠 수 있다고 믿습니다. 여하튼 모든 이들은 신들

48 즉 아직 사용되지 않은.

49 《일리아스》 ix 122, 264.

에게 나쁜 일들을 막아 주고 좋은 일들을 달라고 기원합니다. 48. 그러므로 이처럼 전지전능한 신들은 저에게 너무나 친밀하여서, 밤이건 낮이건 그리고 제가 어디로 가건 어떤 일을 하고자 하건 간에, 저에 대한 그들의 관심은 저를 그냥 내버려두지 않습니다. 또한, 신들은 각각의 행동으로 인해 야기되는 결과도 미리 알기 때문에, 저에게 음성적 계시, 꿈, 새의 신호를 보냄으로써, 무슨 일을 해야 하고 어떤 일을 하지 말아야 하는지 보여줍니다. 제가 여기에 잘 따르면, 저는 후회하지 않게 됩니다. 하지만 저는 이미 일전에 이것을 믿지 않았기 때문에 벌을 받았습니다."

49. 그러자 소크라테스가 말했다. "지금 말해진 것들은 거짓말 같지 않아 보입니다. 하지만 저는 알고 싶습니다. 당신은 신들을 어떻게 구슬려서 이렇게 당신과 친하도록 만드나요?"

헤르모게네스가 대답했다. "신에게 맹세코 그건 정말 값싼 일이죠. 왜냐하면, 저는 신들을 칭송하는데, 여기에는 돈이 한 푼도 들지 않고, 그들이 저에게 허락한 것 중 일부를 항상 되돌려 주며, 가능한 한 상서로운 말을 하고, 그들을 증인으로 내세운 일들에서는 고의로 거짓말하지 않기 때문이지요."

소크라테스가 말했다. "진실로, 만약에 당신의 이러한 행동으로 인해 신들이 당신에게 친밀하게 된다면, 신들도 '훌륭하고 좋음(kalokagathia)'에 대해 기뻐하는 듯하군요."

그들의 논의는 이처럼 진지하게 진행되었다.

50. 필립보스의 차례가 되자, 사람들은 그가 남들을 웃기는 일의 어떤 점에서 자부심을 느끼는지 물었다. 그가 대답했다. "모든 사람이 제가 웃기는 사람인 줄을 다 알고, 그들에게 어떤 좋은 일이 있을 때면 저를 자기들에게로 기꺼이 초대하고, 반대로 나쁜 일이 있을 때면 혹시 원하지도 않았는데 웃게 될까 봐 두려워서 저를 돌아보지도 않고 피하는데, 제가 어떻게 자부심을 가질 자격이 없겠습니까?"

51. 그러자 니케라토스가 말했다. "그러면, 신에게 맹세코, 당신은 자랑할 만한 자격이 충분히 있겠지요. 저의 경우에는 반대로, 친구 중 잘 나가는 사람들은 길을 비켜 도망가지만, 어떤 불행을 겪는 사람들은 저와 같은 혈족임을 내세우면서 저를 가만히 내버려 두지 않습니다."

52. 카르미데스가 말했다. "그렇군요. 자, 그러면, 쉬라쿠사이에서 온 사람이여, 당신은 어떤 일에 대해서 자부심을 느끼나요? 물론 저노예 소년에 대해서겠지요?"

그가 대답했다. "신께 맹세코 정말로 그 반대입니다. 저는 저 소년에 대해 심히 우려하고 있습니다. 왜냐하면, 어떤 녀석들이 그를 타락시키려는 음모를 꾸미고 있다는 사실을 저는 알고 있기 때문이지요."

53. 그러자 소크라테스가 이 말을 듣고서 말했다. "세상에, 헤라클레스여! 당신의 노예 소년이 그들에게 얼마나 큰 해악을 끼쳤다

고 생각하기에, 그들은 그를 죽이려 하는가요?"

그가 대답했다. "그들은 저 소년을 죽이려고 하는 것이 아니라, 그를 설득해서 동침하고자 하는 겁니다."

소크라테스가 말했다. "당신은 그럴 경우 저 소년이 타락하게 될 것으로 생각하나요? 아마도 그렇게 생각하는 것처럼 보이기는 하지만 말입니다."

그가 대답했다. "네, 물론입니다."

54. 소크라테스가 말했다. "그러면 당신 자신은 저 소년과 함께 안 자나요?"

그가 대답했다. "물론 매일 밤 함께 잡니다."

그러자 소크라테스가 말했다. "헤라 여신에게 맹세컨대, 이것은 정말 대단한 행운이네요. 당신은 이처럼 놀라운 신체적 본성을 가지고 있어서, 유일하게 당신만은 동침하는 사람들을 타락시키지 않는군요. 그렇다면 당신은 다른 점에서가 아니라 그런 신체에 대해서는 자랑할 만합니다."

55. 그러자 쉬라쿠사이에서 온 사람이 말했다. "신에게 맹세코, 저는 그것에 대해 자랑하는 게 아닙니다."

소크라테스가 다시 물었다. "그러면 도대체 무엇에 대해 자랑하시나요?"

그가 대답했다. "참으로, 지각없는 어리석은 자들에 대해서지요. 왜냐하면, 그들은 저의 꼭두각시를 보려고 옴으로써 저를 먹여 살리거든요."

이때 필립보스가 끼어들었다. "바로 그거군요. 일전에 저는 당신이 신들에게 기도하는 것을 엿들었거든요. 그때, 당신은 어디에 있건 간에, 신들이 그곳의 곡식 수확은 풍성하게 허락하는 반면, 사람들의 마음은 (생각의) 열매를 맺지 않게 해 달라고 기도했지요."

56. 칼리아스가 말했다. "좋습니다. 그러면 소크라테스여, 당신은 스스로 언급한, 그처럼 인기가 없는 기술(뚜쟁이술)에 대해 자랑할 만한 충분한 근거가 있음을 어떻게 입증하실 수 있습니까?"

그러자 소크라테스가 대답했다. "우선 우리 모두 뚜쟁이의 역할이 무엇인지에 대해 이해해 봅시다. 이제부터 제가 제기할 질문들에 대해 대답하는 것을 피하지 마세요. 우리가 모두 어디까지 동의할 수 있는지 알아야 하니까요. 당신들도 그렇게 하는 것이 좋겠다고 생각하시겠지요?"

그러자 군중들이 대답했다. "물론입니다."

그들은 "물론입니다."라고 한 번 대답했는데, 그들 모두는 앞으로 제기될 물음들에 대해서 계속 같은 대답을 하게 될 터였다.

57. 소크라테스가 말했다. "그러면 당신들은 좋은 뚜쟁이의 역할이란 그가 중매하게 될 남성이나 여성을, 그들이 사귀게 될 사람들의 마음에 들도록 보여 주는 것으로 생각하지요?"

그들이 대답했다. "물론입니다."

"그렇다면 어떤 사람을 매력적으로 보이게 하는 요소 중 하나는 말끔한 머리나 옷매무새를 가지는 것이지요?"

그들이 대답했다. "물론입니다."

58. "또한, 우리는 사람이 (동일한) 두 눈을 가지고 다른 사람들에게 친절 혹은 적의를 표현할 수 있다는 것을 알지요?"

"물론입니다."

"그러면 어떻습니까? 동일한 목소리를 가지고 겸손하거나 용기 있게 말할 수도 있지요?"

"물론입니다."

"그러면 다음은 어떤가요? 어떤 말들은 증오를 일으키지만 다른 말들은 호의를 가져오지요?"

"물론이죠."

59. "그렇다면 좋은 뚜쟁이는 어떤 사람을 매력적으로 만드는 데 도움이 되는 것들만 가르쳐 주겠지요?"

"물론입니다."

그러자 소크라테스가 말했다. "그러면 다음 중 어떤 뚜쟁이가 더 낫습니까? 중매하려는 사람을 한 사람의 마음에만 들게 만들 수 있는 뚜쟁이와 여러 사람의 마음에 들게 하는 뚜쟁이 중에서 말입니다."

이때 사람들의 대답이 둘로 갈라졌다.

어떤 사람들은 말했다. "그야 물론 여러 사람에게 매력적으로 만들 수 있는 뚜쟁이죠."

반면 다른 사람들은 단지 "물론이지요."라고 말했다.

60. 소크라테스는 이 점에 대해서도 그들이 동의하고 있음을 지적하면서 다음과 같이 물었다. "만약에 어떤 이가 사람들을 국가 전체의 마음에 들도록 만들 수 있다면, 이 사람은 이미 명백히 훌륭한 뚜쟁이가 아니겠습니까?"

그러자 모두가 대답했다. "신께 맹세코, 물론 그 사람은 훌륭한 뚜쟁이입니다."

"그러면 만일 어떤 사람이 그의 고객들을 이런 사람들로 만들 수 있다면, 그는 마땅히 자신의 기술에 대해 자부심을 느낄 것이고 이로부터 마땅히 큰 수입을 챙기겠지요?"

61. 모든 사람이 이 점에 동의했으므로, 소크라테스는 부언했다. "제가 보기에는 여기 있는 안티스테네스가 그런 능력이 있는 사람이라고 생각됩니다."

그러자 안티스테네스가 물었다. "소크라테스여, 당신은 자신의 기술을 저에게 양도하시는 건가요?"

소크라테스가 대답했다. "물론이지요. 왜냐하면, 저는 당신이 이 기술을 매우 완벽하게 수행했음을 알기 때문이지요."

안티스테네스가 다시 물었다. "무슨 기술인데요?"

그러자 소크라테스가 대답했다. "뚜쟁이술이지요."

62. 안티스테네스는 몹시 언짢아져서 다시 물었다. "소크라테스여, 어떻게 당신은 제가 그런 일을 했는지 아시나요?"

그러자 소크라테스가 대답했다. "저는 당신이 여기 앉은 칼리아스를 현자 프로디코스에게 중개한 사실을 알지요. 당신은 칼리아스가 철학과 사랑에 빠졌다는 사실과, 프로디코스가 돈이 필요하다는 것을 알고서 이들 둘을 연결해 준 것이죠. 또한, 제가 알기에, 당신은 엘리스 출신 히피아스에게도 똑같은 일을 했는데, 칼리아스는 히피아스로부터 기억술을 배우게 되었지요. 그 결과 칼리아스는 철학에 더욱 매혹되었는데, 그 이유는 그가 본 아름다운 것을 절대 잊지 않게 되었기 때문입니다. 63. 그리고 최근에 정말이지 당신은 헤라클레아 출신의 이방인[50]을 저에게 칭찬해서 제가 그를 사귀고자 열망하게 만든 후, 그를 저에게 소개해 주었습니다. 이 일에 대해서 저는 당신에게 정말로 감사드립니다. 왜냐하면, 제가 보기에 그는 진실로 훌륭하고 좋기 때문이지요. 또한, 당신은 플리오스 사람 아이스퀼로스[51]를 저에게 칭찬하고 반대로 저를 그에게 칭찬하니, 당신의 말로 인해 저와 그가 사랑에 빠져서 마치 사냥개처럼 서로를 찾아 뛰어다니게 하지 않았습니까? 64. 따라서 당신이 이런 일들을 할 수 있다는 것을 보고서, 저는 당신이 훌륭한 뚜쟁이라고 생각하게 된 것이지요. 왜냐하면, 그들 자신에게 도움이 되는 사람이 누구인지 알아서 그들이 서로를 알고자 갈망하게 만들 수 있는 능력

---

50 화가 제욱시스를 가리킴. 플라톤,《프로타고라스》 318 b, c 참고.

51 이 사람에 대해서는 알려진 바가 없다.

이 있는 사람은—제가 보기에는—국가 간에 우의를 쌓을 수 있고, 잘 맞는 결혼을 성사시킬 수 있기 때문입니다. 그러니까 이런 사람을 친구나 동지로 가지는 것은 국가나 개인들에게 가치 있는 일이지요. 그런데도 당신은 제가 당신을 훌륭한 뚜쟁이라고 말한 것을 듣고서 수치스러운 듯 화를 내는군요."

그러자 안티스테네스가 대답했다. "지금은 그렇지 않습니다. 왜냐하면, 제가 그런 능력이 있다면, 제 마음을 부유함으로 완전히 중무장할 수 있을 것이기 때문입니다."

이렇게 해서 논의가 일순했다.

**V.** 이때 칼리아스가 말했다. "크리토불로스여, 이제 당신은 소크라테스와 아름다움에 대해 경쟁하는 것을 포기하겠습니까?"

소크라테스가 말했다. "물론이지요. 왜냐하면, 아마도 그는 뚜쟁이가 심사위원들 사이에서 높은 평가를 받고 있다는 사실을 아니까요."

2. 그러자 크리토불로스가 말했다. "그렇기는 하지만, 그래도 저는 포기하지 않겠습니다. 만약 당신이 어떤 현명한 이유를 가지고 계신다면, 어째서 당신이 저보다 더 아름다운지 설명해 주세요." 그가 계속 이어서 말했다. "누군가가 횃불을 가까이 가져오게 합시다."

소크라테스가 말했다. "그러면 저는 우선 당신이 재판 심의에 출석해 달라고 요청합니다. 제 질문에 대답해 보세요."

"질문하시죠."

3. 소크라테스가 물었다. "당신은 아름다움이 사람에게만 존재한다고 생각하십니까, 아니면 다른 어떤 것에도 존재한다고 생각하십니까?"

크리토불로스가 대답했다. "신께 맹세컨대, 저는 말이나 소, 그리고 영혼을 가지지 않은 많은 것들에도 아름다움이 존재한다고 생각합니다. 여하튼 저는 방패나 칼, 창이 아름다울 수 있음을 알고 있습니다."

4. 그러자 소크라테스가 말했다. "그러면 이들이 서로 닮지 않았는데, 어떻게 모두가 아름다울 수 있습니까?"

크리토불로스가 대답했다. "진실로 이들이 그 용도—우리가 이런 용도 때문에 각각의 사물들을 소유하는데—에 잘 맞게 만들어져 있을 때, 혹은 우리의 필요에 잘 맞게 자연적으로 구성된 경우, 이들은 아름답고 좋습니다."[52]

5. 그러자 소크라테스가 물었다. "그러면 당신은 우리 눈이 왜 필요한지 아십니까?"

---

52 크리토불로스는 "아름다움"을 정의하는 데 어려움을 겪고 있다. 이런 어려움이 발생하는 이유는 그리스 단어 kalos가 다의적이기 때문이다. 즉 이 말은 "아름다운"(또는 "잘 생긴")을 의미할 뿐 아니라, "훌륭한"(또는 "좋은") 등을 뜻하기도 한다. 크리토불로스는 두 의미를 혼동하고 있다. 이후의 논의에서 "아름다움"은 "좋음"으로 바뀌어 사용되고 있다.

크리토불로스가 대답했다. "그야 물론 보기 위해서이지요."

소크라테스가 말했다. "그렇다면 저의 눈이 당신의 눈보다 더 좋습니다."

크리토불로스가 반문했다. "어째서 그런가요?"

소크라테스가 대답했다. "왜냐하면, 당신의 눈은 앞만 똑바로 볼수 있지만, 저의 눈은 툭 튀어나와서 옆쪽도 볼 수 있기 때문이지요."

그러자 크리토불로스가 물었다. "그러면 당신은 게가 다른 동물들보다 더 눈이 좋다고 말씀하시는 건가요?"

소크라테스가 답했다. "물론 그렇습니다. 게의 눈이 천성적으로 힘에 있어서 가장 우수하게 만들어졌기 때문이지요."

6. 크리토불로스가 말했다. "그건 그렇다고 하죠. 그러면 누구의 코가 더 훌륭합니까(kallion)[53]? 당신의 코인가요, 제 코인가요?"

소크라테스가 대답했다. "제가 생각하기에는 제 코가 더 훌륭한 듯합니다. 만약에 신들이 냄새를 맡으라고 우리에게 코를 만들어 주었다면 말입니다. 왜냐하면, 당신의 콧구멍은 땅 쪽을 향하고 있지만, 저의 콧구멍은 하늘을 향해 활짝 열려 있기 때문이죠. 그래서 제 코는 냄새가 어떤 곳에서 와도 맡을 수 있거든요."

"하지만 어떻게 들창코가 곧은 코보다 더 아름답다고 할 수 있

---

53 이 말은 "더 아름답다" 혹은 "더 훌륭하다"를 의미한다.

습니까?"[54]

소크라테스가 대답했다. "왜냐하면, 들창코는 시야를 방해하지 않고, 오히려 눈이 보고자 하는 것들을 곧바로 볼 수 있도록 허용해 주기 때문이지요. 반면에 높은 코는—거만하게 남들을 무시하듯이—두 눈 사이에 벽을 쌓아 시야를 가립니다."

7. 크리토불로스가 말했다. "적어도 입에 관해서라면 당신의 말에 동의합니다. 왜냐하면, 만일 입이 깨물라고 만들어진 것이라면, 당신은 저보다 훨씬 많이 깨물 수 있을 테니까요. 당신이 두꺼운 입술을 가지고 있으니까 당신의 키스도 더 달콤할 것으로 생각하지 않으시나요?"

그러자 소크라테스가 대답했다. "당신의 말에 따르자면, 저는 당나귀보다도 더 추한 입을 가지고 있는 듯하군요. 하지만 당신은 다음과 같은 사실이 제가 당신보다 더 아름답다는 사실을 증명해 주는 증거라고 판단하지 않나요? 즉 강의 요정들은 여신이면서도 세일레노스들을 낳았는데, 이들은 당신보다는 저와 더 많이 닮았거든요."

8. 그러자 크리토불로스가 대답했다. "더 이상 당신에게 반론을 펼 수 없네요. 이제 심사위원들 각자에게 투표하게 합시다. 제가 무슨 벌을 받아야 할지 아니면 벌금을 내야 할지 속히 알고 싶거든

---

54 여기서 분명히 크리토불로스는 "아름다움"과 "좋음"을 혼동하고 있다.

요." 그가 계속 이어 말했다. "단 비밀 투표로 합시다. 저는 당신과 안티스테네스의 '부유함'이 저를 눌러 버릴까 봐 두렵기 때문입니다."

9. 그래서 소년과 소녀가 몰래 투표용지를 건넸다. 그러는 동안에 소크라테스는 횃불이 크리토불로스의 앞쪽에 놓이도록 조치했다. 그것은 심사위원들이 현혹되어 잘못된 판단을 내리지 않도록 하기 위해서였다. 또한, 심사위원들이 승자에게 머리띠가 아니라 키스를 수여하도록 했다. 10. 투표용지가 항아리 밖으로 드러나고, 만장일치로 크리토불로스의 승리가 밝혀지자, 소크라테스가 말했다. "맙소사, 당신의 돈은 칼리아스의 돈과 같지 않군요, 크리토불로스여. 왜냐하면, 칼리아스의 돈은 사람들을 더 정의롭게 만들었지만, 당신의 돈은 가장 강력하여서, 법정의 재판관이나 경연 대회의 심사위원들을 타락시키는 듯하니까요."

VI. 이때, 어떤 사람들은 크리토불로스에게 승리의 대가로 키스를 받으라고 촉구했지만, 다른 사람들은 소년과 소녀의 주인에게 동의를 구하라고 말했다. 한편 또 다른 사람들은 야유를 보냈다. 그러나 이때에도 헤르모게네스는 침묵을 지켰다.

그러자 소크라테스는 그의 이름을 부르면서 물었다. "헤르모게네스여, 당신은 술주정이 무엇인지 우리에게 말해 줄 수 있나요?"

그러자 그가 대답했다. "그것이 무엇이냐고 저에게 물으신다면 저는 잘 모르겠습니다. 하지만 제가 그것이 무엇이라고 생각하는지 말씀드릴 수는 있지요."

소크라테스가 말했다. "좋습니다. 그러면 당신이 어떻게 생각하는지 말해 보시죠."

2. 그러자 헤르모게네스가 대답했다. "저는 술주정이란 '술로 인해서 동료들을 괴롭히는 일'이라고 판단합니다."

소크라테스가 말했다. "그러면 당신이 지금 침묵함으로 인해 우리를 괴롭히고 있다는 사실을 알고 있나요?"

헤르모게네스가 물었다. "당신들이 말씀하시는 동안 그랬다는 것인가요?"

소크라테스가 대답했다. "아닙니다. 우리가 잠시 휴식을 취하는 동안입니다."

헤르모게네스가 다시 물었다. "당신들이 대화하는 동안에는 어떤 사람이 한마디 말은 물론이고 터럭 하나도 첨가할 수 없다는 사실을 모르십니까?"

3. 그러자 소크라테스가 말했다. "칼리아스여, 당신이 적절한 답변을 찾아내지 못해 곤란에 처한 이 사람을 좀 도와줄 수 있나요?"

그러자 칼리아스가 대답했다. "그러죠. 우리는 플루트가 연주될 때마다 완전히 침묵합니다."

이때 헤르모게네스가 끼어들었다. "그러면 당신들은 배우 니코스라토스가 플루트 음악에 맞추어 4각 운율 시가를 낭송하듯이, 제가 플루트 연주에 맞추어 당신들과 대화를 나누기를 원하는 건가요?"

4. 소크라테스가 대답했다. "신들 앞에 맹세컨대, 그렇게 해 주십시오, 헤르모게네스여. 왜냐하면, 제가 생각하기에는, 플루트 연주에 맞추어 노래를 부를 때 더 감미롭듯이, 마찬가지로 당신의 대화도 음악에 의해서 어느 정도 더 즐겁게 될 것이기 때문입니다. 특히 당신이 플루트 소녀처럼 말의 내용에 맞추어 동작도 취한다면 더욱 그럴 겁니다."

5. 그러자 칼리아스가 물었다. "그러면 여기 앉은 안티스테네스가 어떤 사람을 향연 중에 논박한다면, 그에 걸맞은 플루트 음악은 무엇이겠습니까?"

그러자 안티스테네스가 대답했다. "제가 생각하기에, 논박당하는 사람에게는 '쉿!' 소리가 걸맞을 겁니다."

6. 쉬라쿠사이에서 온 사람은 논의가 이렇게 진행되면서 회중들이 그의 쇼를 무시한 채 서로 즐기는 것을 보자, 소크라테스에게 적의를 품고서 말했다. "소크라테스여, 당신의 별명이 '사상가(phrontistes)'인가요?"

그러자 소크라테스가 반문했다. "'아무 생각 없는 사람'이라고 불리는 것보다는 낫지 않은가요?"

"만약 당신이 천상의 일들에 관한 사상가가 아니라고 생각된다면, 사상가라고 불리는 일이 좋을 수도 있겠지요.[55]"

---

55 "천상의 일들에 관한 사상가"는 본래 "천문학자"를 의미하는 말이었으나, "존재론

7. 그러자 소크라테스가 물었다. "그러면 당신은 신들보다 천상의 일들을 더 잘 알고 있나요?"

쉬라쿠사이에서 온 사람이 대답했다. "신께 맹세코 저는 모릅니다. 하지만 사람들은 당신이 신적인 것들에 관심을 가지는 대신, 전혀 쓸모없는 일들에 관심을 가진다고 말하더군요."

소크라테스가 말했다. "그렇다고 하더라도 여전히 신들은 저의 관심의 대상입니다. 왜냐하면, 첫째로 신들은 하늘로부터 비를 내려 주어 우리를 이롭게 하며, 둘째로 하늘로부터 빛을 제공해 주어 우리를 이롭게 하기 때문이죠. 냉정하게 말하면, 당신은 지금 저를 괴롭히고 있다고 비난받아야 마땅합니다."

8. 그러자 쉬라쿠사이에서 온 사람이 대답했다. "그건 그렇다고 합시다. 그러면 저와 당신 사이의 거리가 벼룩 걸음으로 얼마나 되는지 한번 말해 보세요. 왜냐하면, 사람들은 당신이 기하학을 사용해서 이런 것들을 측량한다고 말하니까요.[56]"

그러자 안티스테네스가 필립보스에게 말했다. "필립보스여, 당신은 흉내 내는 데 도사이죠. 당신은 지금 이 사람이 남을 비방하려고

─────────

을 탐구하는 철학자"라는 뜻으로 의미가 확장되었다. 아리스토파네스의 희극《구름》에서는 신들의 존재를 부정하는 자연철학자(즉 희화화된 소크라테스)의 모습이 매우 부정적으로 묘사되고 있다.

56 아리스토파네스의《구름》144 이하를 보면, 소크라테스와 카이레폰이 벼룩이 자기 발의 몇 배를 뛰어올랐는지 측량하고 있다.

시도하는 사람을 흉내 내고 있다고 생각하지 않나요?"

그가 대답했다. "정말 그런 것 같습니다. 또한, 다른 많은 종류의 사람들을 흉내 내고 있다는 생각이 드는군요."

9. 이때 소크라테스가 말했다. "그렇다고 해도 이런 비유는 들지 마세요. 당신 자신도 비방하는 사람과 닮지 않으려면 말이지요."

"하지만 만약에 제가 저 사람을 모든 훌륭하고 뛰어난 사람들에 비유한다고 해 봅시다. 그러면 마땅히 혹자는 저를 비방하는 사람 보다는 칭찬하는 사람과 닮았다고 할 겁니다."

"지금 당신은 비방하는 자와 닮았습니다. 왜냐하면, 당신은 모든 사람이 저 사람보다 더 뛰어나다고 말하니까요.[57]"

10. "그러면 당신은 제가 저 사람을 악한에 비유하기를 원하시 나요?"

"악한에 비유하는 것도 원하지 않습니다."

"그러면 그를 아무에게도 비유하지 않기를 원하시는 겁니까?"

"예, 어떤 사람에게도 비유하지 마세요."

"하지만 제가 침묵을 지킬 경우, 어떻게 해서 이 만찬에 적합한 서비스를 제공해 드릴 수 있는지 모르겠군요."

그러자 소크라테스가 말했다. "아주 쉽지요. 말해서는 안 되는

---

57 즉 어떤 사람이 뛰어난 사람과 닮았다고 말할 경우, 그 속뜻은 그 사람이 실제로 뛰 어난 사람은 아니라는 것을 함축한다.

것들에 대해서는 침묵하면요."

이렇게 해서 술주정 사건이 일단락 지어졌다.

**VII.** 그러자 회중 중 어떤 사람들은 필립보스에게 비유를 계속 들라고 촉구했지만, 다른 사람들은 그렇게 하지 말라고 했다. 소란이 일자 소크라테스가 다시 말했다. "우리가 모두 말하고자 하는데, 지금이 노래 부르기에 가장 좋은 시점이 아니겠습니까?" 이렇게 말하면서 그는 곧바로 노래를 부르기 시작했다. 2. 그들이 노래를 마쳤을 때, 무용수를 위해 도공의 물레바퀴가 운반되었다. 그 위에서 무용수는 묘기를 부릴 터였다.

이때 소크라테스가 말했다. "쉬라쿠사이에서 온 사람이여, 어쩌면 실제로 저는 당신이 말하는 것처럼 '사상가'일 지도 모르겠군요. 여하튼 지금 저는 어떻게 당신의 이 소년과 이 소녀가 적은 노력을 들이는 듯하면서도 그들을 바라보는 우리에게 이렇게 큰 기쁨을 줄 수 있는지 생각 중입니다. 물론 그들의 놀라운 능력이 당신이 의도하는 바라는 것을 저도 잘 압니다. 3. 그러니까 제가 보기에는 칼 사이로 재주를 뛰어넘는 일은 위험한 연기라고 생각합니다. 이런 일은 향연과는 알맞지 않습니다. 한편 회전하는 물레바퀴 위에서 글을 쓰고 읽는 일은 아마도 놀라운 일일 것입니다. 하지만 저는 이런 일이 어떤 즐거움을 가져다줄지 알 수 없습니다. 더구나 젊고 아름다운 사람들이 가만히 정지해 있는 것을 보는 것보다 몸을 구부려 원모양을 만드는 광경을 바라보는 편이 더 즐겁지도 않습니다. 4. 왜냐하면, 만일 원하기만 한다면, 어떤 사람이 놀라운 일들과 마주치게 되는 경우가 그리 드물지 않을 것이기 때문입니다. 오히려 그는 자신이 즉각적으로 발견하는 것들에 대해서도 경탄할 수 있습니다. 가령 '어떻게 해서 등불은 반짝거리는 불꽃을 가짐으로 인해 빛을 발산하는 반면, 청동 제품은 반짝거리기는 하지만 빛을 발산하지 않고 그 대신 자기 안에 다른 대상들의 모습을 반사하는가?' 또한 '어떻게 올리브 기름은 액체이면서도 불길을 지피지만, 물은 액체라는 이유로 불을 진화시키는가?' 5. 그런데 이런 물음들은 포도주가 촉발하는 것과 동일한 효과가 있지는 못합니다. 반면 만일 젊은 사람들이 플루트 음악에 맞추어 자애의 여신들(Charites), 계절의 여신들(Horai) 그리고 님프 요정들(Nymphai)의 모습을 묘사하며 춤춘다면, 제가 생각하기에는 그들이 훨씬 더 쉽게 여흥을 베풀 수 있을 것이고, 향연도 훨씬 더 즐거워질 것입니다." 그러자 쉬라쿠사이에서 온 사람이 말했다. "물론 그렇습니다, 소크라테스여. 당신의 말씀이 옳습니다. 저는 당신들을 즐겁게 할 볼거리를 가져다 드리겠습니다."

**VIII.** 이렇게 해서 쉬라쿠사이에서 온 사람은 박수갈채를 받으며 퇴장했다. 그러자 소크라테스가 다시 새로운 논의를 시작했다. 그는 다음과 같이 말했다. "여러분, 영생하는 신들과 나이는 동년배이지만 모습은 가장 젊고, 크기는 전 우주를 에워싸나, 인간의 마음속에 자리 잡은, 위대한 다이몬, 즉 에로스 신이 우리와 자리를 함께하고 계십니다. 그러니 우리는 그를 잊지 말아야 할 것입니다.

특히 우리가 모두 그의 추종자이기에 그렇습니다. 2. 왜냐하면, 저는 제가 어떤 사람을 사랑하고 있지 않았던 때를 말할 수 없으니까요. 제가 알기에, 여기 있는 카르미데스는 많은 애인을 소유하고 있으며, 어떤 사람들에 대해서는 그 자신도 욕망을 느끼고 있지요. 한편 크리토불로스는 지금은 아직 사랑받고 있지 않지만, 이미 다른 사람들에 대한 열정을 품고 있습니다. 3. 그리고 진실로 니케라토스 또한—제가 들은 바에 의하면—그의 아내를 사랑하고 있으며, 반대로 아내의 사랑을 받고 있습니다. 한편 헤르모게네스에 대해 말하자면, 우리 중 누가 이 사람이 훌륭하고 좋음—그것이 무엇이든 간에—에 대한 사랑에 빠져서 녹아나고 있다는 사실을 모르겠습니까? 당신들은 그의 이마가 얼마나 심각한 표정을 짓고 있는지, 그의 시선이 얼마나 미동 없이 고요한지, 그의 말이 얼마나 절제되었는지, 그의 목소리가 얼마나 온화한지, 그의 태도가 얼마나 쾌활한지 보지 못하나요? 그가 가장 존귀한 신들과의 우정을 가지고 있으면서도, 우리 가사적인 인간들을 경멸하지 않는다는 사실을 모르겠습니까? 안티스테네스여, 당신은 어느 사람과도 사랑에 빠지지 않은 유일한 사람인가요?"

4. 그러자 그가 대답했다. "신들에게 맹세코 저는 열렬히 사랑하고 있습니다. 당신을 말입니다."

이때 소크라테스는 농담조로 교태를 부리며 말했다. "지금 이 순간 저를 괴롭히지 말아 주세요. 당신도 볼 수 있듯이, 저는 다른 용무가 있으니까요."

5. 그러자 안티스테네스가 말했다. "자신을 중매하는 뚜쟁이 선생님, 당신은 늘 이런 식으로 행동하는 것이 분명해요. 어떤 때에는 다이몬의 계시를 핑계로 대고, 다른 때에는 어떤 다른 목적을 염두에 두시고 저와 대화하는 것을 거부하니까요."

6. 소크라테스가 대답했다. "안티스테네스여, 제발 저를 때리지만 말아 주세요. 저는 당신의 다른 고약한 성질을 감내하고 있는데, 앞으로도 친구 사이의 일로 생각하며 감내할 것입니다. 하지만 당신의 사랑은 비밀로 합시다. 왜냐하면, 이 사랑은 저의 마음에 기초한 것이 아니라 저의 육체적 아름다움에 기인한 것이기 때문이지요. 7. 칼리아스여, 당신이 아우톨뤼코스를 사랑한다는 사실은 전 도시가 다 알고 있어요. 제가 생각하기에 많은 외국 사람들도 그 사실을 알 겁니다. 그 이유는 당신들 양자가 저명한 부친의 자제들이며, 당신들 자신도 돋보이는 사람들이기 때문입니다. 8. 그래서 저는 항상 당신의 품성을 존경해 왔는데, 지금은 더욱 그렇습니다. 왜냐하면, 당신은 사치로 치장하거나 여성스럽게 교태부리는 자를 사랑

Venus Urania
(Christian Griepenkerl, 1878)

하는 것이 아니라, 모든 이에게 육체적 힘과 참을성, 용기 그리고 자기절제를 증명해 보이는 사람을 사랑하고 있음을 제가 알기 때문입니다. 이런 것들을 열망하는 일은 그것을 사랑하는 사람의 본성을 드러내 주는 증거이죠. 9. 그러니까 저는 아프로디테 여신이 한 명인지 아니면 두 명—즉 우라니아와 판데모스[58]—인지는 모릅니다. 왜냐하면, 제우스도 한 명임에도 불구하고 여러 별명을 가지고 있기 때문입니다. 하지만 제가 알기로는, 아프로디테의 경우 두 여신에게 각각의 제단과 신전이 존재하여, 판데모스 여신(즉 저속한 아프로디테)에게는 자유분방한 종교의식이 거행되는 반면, 우라니아 여신(즉 고상한 아프로디테)에게는 경건한 의식이 치러진다는군요. 10. 또한, 판데모스 여신은 육체적인 사랑을 산출하는 반면, 우라니아 여신은 영혼의 사랑과 우정 그리고 훌륭한 행동들에 대한 사랑을 낳는다고 추측할 수 있을 겁니다. 칼리아스여, 제가 보기에 당신은 두 번째 사랑에 사로잡힌 듯하군요. 11. 저는 그 증거로 당신이 사랑하는 자의 훌륭하고 좋음을 제시할 수 있습니다. 또한, 당신이 사랑하는 사람과 만나는 장소에 그의 아버지를 함께 초대한 것을 볼 때, 저는 당

---

58 플라톤의 대화편《향연》180 d − e에서 파우사니아스는 두 명의 아프로디테가 존재한다고 주장한다. 즉 우라노스의 거세된 성기로부터 나온 천상의 (즉 고상한) 아프로디테와, 제우스와 디오네의 딸인 지상의 (따라서 저속한) 아프로디테가 그것이다. 전자는 아프로디테 우라니아, 후자는 아프로디테 판데모스라는 이름으로 일컬어지고 있다.

신의 사랑이 정신적인 사랑이라고 생각합니다. 왜냐하면, 훌륭하고 좋은 애인은 이런 일들을 자신이 사랑하는 사람의 아버지에게 비밀로 하지 않기 때문이지요."

12. 이때 헤르모게네스가 말했다. "소크라테스여, 헤라 여신에게 맹세하건대, 저는 다른 많은 일로 인해서 당신을 존경하지만, 지금은 더더욱 그러합니다. 왜냐하면, 당신은 지금 칼리아스에게 호의를 베풀면서, 동시에 마땅히 그러해야 할 바를 그에게 가르치고 있기 때문입니다."

그러자 그가 대답했다. "신에게 맹세코 그렇습니다. 또한, 그가 더욱 기뻐하도록, 저는 영혼의 사랑이 육체의 사랑보다 훨씬 더 월등하다는 사실을 증명하고자 합니다. 13. 왜냐하면, 친밀감이 없는 교제는 논의할 가치가 없다는 점을 우리 모두 잘 알고 있기 때문입니다. 성품을 존경하는 사람들의 친밀감은 '즐겁고 자발적인 속박'이라고 지칭됩니다. 반면 육체적 욕망을 가지는 사람 중 대부분은 자신이 사랑하는 사람들의 행동 방식을 비난하고 미워합니다. 14. 그런데 만약 사람들이 두 측면 모두에 만족을 느끼는 경우를 가정해 봅시다. 젊음의 꽃은 금방 시들어 버리고, 이것이 사라지면 필연적으로 친밀감(또는 우정)도 함께 사라져 버립니다. 반면 시간이 흐르면 흐를수록 영혼은 점점 더 사려 깊어지고 사랑받을 만하게 되는 것이지요. 15. 또한, 외면적 아름다움의 향유에는 과도함이 존재합니다. 이 때문에 배를 잔뜩 채웠을 때 음식에 대해 느끼는 것과 동일한 감정을, 좋아하는 사람에 대해서도 느끼지 않을 수 없는 것입니다. 반면 영혼의 친밀감은 순수하여서 질리지 않습니다. 하지만 그렇다고 해서 아프로디테 여신의 은총을 덜 받는 것—어떤 사람은 이렇게 생각할지도 모르지만—은 아닙니다. 오히려 우리의 말과 행동에 사랑의 은총을 달라는 우리의 기도는 분명히 이루어집니다.

16. 자유인에게 알맞은 모습과 겸손하고 고결한 품성을 가진 채 갓 피어오르는 영혼—이 영혼은 처음부터 동료들 사이에서 지도력을 발휘하는 동시에 친절하기도 합니다만—이 자기 애인을 존경하고 사랑할 것이라는 점은 이론의 여지가 없지요. 한편 저는 마땅히 이러한 연인이 자신이 사랑하는 자로부터 사랑을 받기도 할 것이라는 점을 증명할 것입니다. 17. 왜냐하면, 그 누가 자신을 훌륭하고 선하다고 생각하는 사람—그 사람이 그렇게 생각한다는 사실을 알면서도—을 미워할 수 있겠습니까? 또한, 이 사람이 자기 자신의 즐거움보다는 자기가 사랑하는 소년의 선을 증진하려고 애쓰는 것을 알고서 어떻게 그 사람을 미워하겠습니까? 더구나 자신이 불운을 겪게 되거나 아니면 병들어서 추해졌을 경우에도 그의 사랑이 변하지 않으리라 믿을 수 있다면 말입니다. 18. 서로 사랑하는 사람들은 기꺼이 서로의 얼굴을 마주 보고, 다정히 대화를 나누며, 서로를 믿고 돌보며, 즐거운 일에 함께 기뻐하고 혹시 실패가 닥쳐오면 함께 슬퍼하며, 그들이 건강하게 교제할 때에는 즐겁게 지내다가 둘 중 하나가 병들면 더 꼭 붙어 다니고, 함께 있을 때보다는 떨어져 있을

때 더 서로를 열망하는 것이 필연적이지 않겠습니까? 이런 모든 일이 아프로디테의 은총이 아닌가요? 이와 같은 일들을 통해서, 사람들은 지속해서 우정을 사랑하고 그것을 늙을 때까지 향유하는 것이지요. 19. 그런데 사랑받는 소년은 한갓 육체에 기댄 사랑에 대해서 어떤 방식으로 보답하겠습니까? 사랑하는 사람은 자신이 원하는 즐거움은 혼자서만 챙기고, 그가 사랑하는 소년에게는 수치스럽기 짝이 없는 것들만 준다는 생각일까요? 아니면 사랑하는 사람이 친애하는 소년들로부터 얻어 내려고 열망하는 것들을 그들의 친족들에게 가능한 한 감추려고 한다는 생각일까요? 20. 그가 힘으로 강요하지 않고 설득한다는 사실 때문에 그는 더욱더 증오의 대상이 되는 것이지요. 왜냐하면, 힘으로 강제하는 사람은 자신이 나쁘다는 사실을 스스로 폭로할 따름이지만, 설득하는 사람은 설득되는 사람들의 영혼을 타락시키기 때문입니다. 21. 더구나 돈을 받고 자신의 아름다움을 파는 사람이 어떻게 그것을 사는 사람을 사랑할 수 있겠습니까? 시장에서 물건을 내놓고 파는 사람의 경우와 마찬가지로, 판매자가 구매자를 사랑할 수는 없는 노릇입니다. 정말로 그는 사랑에 빠지지 않게 될 것입니다. 왜냐하면, 그는 젊은이이면서 젊지 않은 사람과 사귀고 있고, 미남이면서 미남 아닌 사람과 사귀고 있으며, 사랑하지도 않으면서 사랑하는 사람과 사귀고 있기 때문입니다. 여성의 경우와 마찬가지로, 소년도 사랑의 기쁨을 어른과 함께 나누지 않기 때문이지요. 오히려 소년은 아프로디테에

취한 어른들의 모습을 맑은 정신으로 쳐다봅니다. 22. 따라서 연인에 대한 경시가 소년에게서 생겨난다 해도 놀랄 일이 아니지요. 이런 점들을 고려할 경우, 우리는 어떤 사람이 그의 (좋은) 성격 때문에 사랑받을 경우, 여기에서 문제점을 발견할 수 없을 겁니다. 반면 뻔뻔스러운 교제로부터는 이미 불경스런 결과가 많이 생겨났음을 발견할 수 있습니다. 23. 지금부터 저는 영혼을 사랑하는 사람보다 육체를 사랑하는 사람과 교제하는 일이 자유인에게 걸맞지 않은 것임을 증명해 보이겠습니다. 왜냐하면, 마땅히 해야 할 일을 말하고 행동하도

아킬레우스와 케이론
(기원전 500~480년경 제작된 암포라)

록 가르치는 사람은—케이론[59]이나 포이닉스[60]가 아킬레우스에 의해 칭송되었듯이—칭송되어야 하기 때문입니다. 반면 육체를 열망

---

59 케이론은 켄타우로스 종족 중 가장 현명하고 정의로운 자였으며, 펠리온 산에 살았다. 그는 아폴론과 아르테미스로부터 교육을 받았으며, 사냥과 의술, 음악, 체조 및 예언술로 명성을 날렸다. 나중에 그는 펠레우스와 아킬레우스, 디오메데스, 이아손 등을 가르쳤다. 또한, 그는 헤라클레스와도 친밀한 사이였다.

60 포이닉스는 돌로페스(프티아의 변방 지역)의 왕이었으며 칼뤼도니아의 사냥에도 참가했다. 그의 아버지는 그를 집에서 쫓아냈는데, 펠레우스(아킬레우스의 아버지)가 그를 따뜻하게 맞아 주었다. 포이닉스는 아킬레우스의 스승이 되었으며, 나중에 아킬레우스를 따라 트로이 원정에 참가한다.

하는 자는 마땅히 거지로 취급되어야 합니다. 왜냐하면, 그는 항상 애인을 졸졸 따라다니면서 키스를 더 해달라, 애무를 더 해달라고 애원하며 기대하기 때문입니다. 24. 여러분들은 제가 더욱 대담하게 말한다고 해서 놀라지 마세요. 포도주가 저의 마음을 고양하는 데다가, 항상 저와 함께하는 사랑이 그와 반대되는 사랑에 관한 제 생각을 허심탄회하게 말하라고 촉구하기 때문이지요. 25. 제가 생각하기에, 겉모습에 정신이 팔린 사람은 땅을 임대한 사람과 유사합니다. 즉 그의 관심은 그 땅이 더 가치 있게 되도록 돌보는 일이 아니라, 어떻게 하면 최대한 많은 농작물을 수확할 수 있는가입니다. 반면 우정을 원하는 사람은 자신의 토지를 소유한 사람과 유사합니다. 즉 그는 자기가 사랑하는 사람(또는 땅)을 더욱 가치 있게 만들기 위해서 사용할 수 있는 것은 모두 다 활용합니다. 26. 한편 사랑받는 자 중 어떤 사람은 육체의 아름다움을 제공해 주기만 하면 애인을 지배할 수 있다는 것을 알고서, 다른 일들에 있어서 함부로 행동할 것입니다. 반면 자신이 훌륭하고 선하지 않을 경우 우정을 유지할 수 없다는 사실을 아는 사람은 마침내 덕(또는 탁월함)에 좀 더 주의를 기울일 겁니다. 27. 자신이 사랑하는 소년들을 좋은 친구로 만들고자 열망하는 사람에게 있어서 가장 큰 축복은 그 자신도 덕을 갈고 닦아야 한다는 필연성입니다. 왜냐하면, 그 자신이 악한 행동을 하면서 자신의 동료를 선한 사람으로 만들어 낼 수는 없는 노릇이니까요. 또한, 스스로 후안무치하고 무절제한 모습을 보이면서 자신이 사랑하는 사람을 절제력 있고 경건하게 만들 수는 없는 거죠."

28. 그러면서 소크라테스가 계속 이어 말했다. "칼리아스여, 저는 당신에게 다음과 같은 옛날이야기를 해 주고 싶군요. 즉 인간들뿐 아니라 신들, 그리고 영웅들도 육체의 향유보다 마음의 친밀감을 더 높이 평가했다는 사실입니다. 29. 왜냐하면, 제우스는 그토록 많은 여성의 아름다운 외모에 사랑을 느끼고, 그들과 관계를 맺었음에도, 그들을 죽도록 내버려 두었기 때문이지요. 그러나 그가 영

제우스의 두 아들
카스토르와 폴뤼데우케스 (3세기경)

혼에 있어서 높이 평가한 사람들은 불사적인 존재로 만들었던 것입니다. 헤라클레스와 제우스의 두 아들(Dioskouroi[61])이 그런 경우였지요. 그들 이외에 다른 사람들도 불멸하게 되었다고 말해집니다. 30. 저는 제우스가 가뉘메데스[62]를 올림포스로 데려간 이유도 그의 (아름

---

61 카스토르와 폴뤼데우케스. 이들은 라케다이몬의 왕 튄다레우스와 레다 사이의 쌍둥이이었으며, 훗날 트로이로 납치된 헬레네의 오빠들이다. 카스토르는 말을 길들이는 기술로 명성을 떨쳤으며, 폴뤼데우케스는 복싱으로 유명했다. 이들은 트로이 전쟁 이전에 지구 위에서 사라져 버렸다.

62 트로스와 칼리로에의 아들. 그는 모든 사람 중 가장 미남이었는데, 제우스에 의해

다운) 육체 때문이 아니라 영혼 때문이었다고 생각합니다. 이러한 저의 주장에 대한 논거로 가뉘메데스의 이름을 제시할 수 있습니다. 왜냐하면, 호메로스의 작품에는 다음과 같은 구절이 있기 때문이지요.

제우스에게 제주(祭酒)를 붓는 가뉘메데스
(기원전 490-480년경)

> '그는 듣고 즐거워한다(ganytai).'

이 말은 그가 들으면서 기뻐했다는 뜻이지요. 또한, 다른 곳 어딘가에는 다음 구절이 있습니다.

> '마음속에 빈틈없는 계획들(medea)을 가지고 있으면서[63]

___

납치되었다. 호메로스는 가뉘메데스가 단지 제우스에 의해 납치되었다고만 기술했지만, 후대의 작가들은 제우스의 독수리 혹은 독수리로 변신한 제우스에 의해 납치되었다고 말한다.

63 여기 나오는 두 구절은 호메로스의 시가에 등장하지 않는다. 물론 두 번째 구절과 매우 유사한 구절은 존재한다. 가령 《일리아스》 vii 278, xvii 325, xviii 363, xxiv 88, 282, 674 및 《오뒷세이아》 ii 38, xi 445, xix 353, xx 46 참고. 아마도 여기서 크세노폰은 잘못 기억하고 있거나, 아니면 소실된 서사시를 인용하고 있는 듯하다.

또한, 이 말은 현명한 계획들을 마음속에 품고 있었다는 말이지요.

가뉘메데스(gany—medes)는 위와 같은 두 단어로부터 이름을 얻었기 때문에, 그의 이름은 육체의 즐거움이 아닌 정신적 (또는 생각

파트로클로스의 상처에 붕대를 감아주는 아킬레우스 (기원전 500년경)

에서의) 즐거움을 뜻하며, 이런 이유로 신들은 그를 높이 평가했던 것입니다. 31. 한편 니케라토스여, 호메로스의 작품 속에서 아킬레우스는 파트로클로스를 애인으로서가 아니라 동료로 생각하여 그의 죽음에 대해 눈에 띄게 복수했던 것입니다. 또한, 우리가 오레스테스와 퓔라데스[64], 테세우스 그리고 페이리투스[65] 및 다른 많은 최

---

64 스트로피우스와 아낙시비아(아가멤논의 누이) 사이의 아들. 그의 아버지 스트로피우스는 포키스를 다스리는 왕이었는데, 아가멤논이 살해된 뒤 오레스테스는 스트로피우스의 궁궐에서 보호를 받으며 자랐다. 퓔라데스와 오레스테스의 우정은 매우 유명하다.

65 테살리아에 사는 라피타이 종족의 왕. 그가 히포다미아와 결혼하는 날 켄타우로스 에우뤼티온(또는 에우뤼토스)이 히포다미아를 납치한다. 그래서 켄타우로스 종족과 라피타이 인들 사이에 싸움이 벌어진다. 그 이전에 페이리투스는 아티카를 침범해서 테세우스와 싸웠다가 화해한 후 친구가 되었는데, 테세우스는 결혼식에 참석했다가 켄타우로스를 무찌르는 데 돕는다. 나중에 페이리투스는 페르세포네를 납치하려고 지하세계로 내려가는데, 이때에도 테세우스는 친구를 버릴 수 없어서 동행했다가, 둘 다 플

필라데스와 오레스테스 : 칼을 든 필라데스가
광기에 휩싸인 오레스테스를 보호하고 있는 장면

고의 半神들에 대해 찬가를
부르는 이유도, 그들이 동침
했기 때문이 아니라, 서로를
존경하고 가장 위대하고 훌
륭한 일들을 공동으로 성취
했기 때문이지요. 32. 그러면
다음은 어떻습니까? 오늘날
의 훌륭한 일들에 대해 살펴
봅시다. 이 모든 일이 명성보다 쾌락을 선호하는 습관을 지닌 사람
들에 의해서 이루어졌다기보다는, 영광을 위해서 고생하고 위험을
무릅쓸 각오가 되어 있는 사람들에 의해 이루어졌음을 우리가 발
견할 수 있지 않겠습니까? 그런데도 시인 아가톤의 애인 파우사니
아스는 무절제 속에서 허우적거리는 사람들을 변호하기 위해서 말
했습니다. 가장 강력한 군대는 사랑받는 소년과 그를 사랑하는 애
인으로 구성되어 있을 것이라고…… 33. 또한, 파우사니아스는 이들
이 (전쟁터에서) 서로를 버리는 일을 진실로 수치스럽게 여길 것이라
고 주장했습니다. 하지만 이것은 정말 희한한 주장입니다. 만약 어
떤 사람들이 남들의 비난을 못들은 체하고 서로 뻔뻔스럽게 행동

루토에게 잡혀서 바위에 결박된다. 헤라클레스가 지하에 내려갔을 때, 테세우스는 헤
라클레스에 의해 풀려나지만, 페이리투스는 영원히 죄수로 남았다.

하는 데 익숙해 있다
가, 어떤 부끄러운 일
을 하는 것을 정말로
수치스럽게 여긴다면
말입니다. 34. 그런데
도 파우사니아스는
테바이 사람들과 엘
리스 사람들도 위와
같은 정책을 사용했
음을 자신의 주장에

왼쪽부터 페이리투스와 히포다미아, 그리고 켄타우로스
와 테세우스 (기원전 350-340년 경) : 켄타우로스가 히포
다미아(여기서는 이름이 Laodameia로 되어 있다)를 납치
하려 하고 있다. 그러자 페이리투스와 테세우스가 무기를
들고 저항하고 있다.

대한 근거로 끌어들였습니다. 파우사니아스의 말에 따르면, 그들은
사랑하는 이들과 동침했지만, 사랑하는 소년들을 전쟁터에서 나란
히 싸우도록 했습니다. 하지만 이것은 잘못된 비유입니다. 왜냐하
면, 그 사람들에게는 이런 풍습이 합법적일지 모르지만, 우리는 이
런 일이 수치스럽기 짝이 없다고 여기기 때문입니다. 제가 생각하기
에, 자신이 사랑하는 이들을 전쟁터에서 나란히 싸우도록 명령하
는 사람들은 연인들이 따로 떨어져 있게 될 경우 용맹스런 사람들
의 임무를 완수하지 못하지나 않을까 하여 의심하는 것입니다. 35.
그와 달리, 만약 어떤 사람이 육체적 욕망을 강하게 느낀다면 이 사
람은 훌륭하고 선할 수 없다고 믿는 라케다이몬 사람들은, 사랑하
는 사람들을 완전히 용감하게 만들어서, 심지어 사랑하는 사람들

이 이방인들과 함께 정렬하거나 연인과 같은 장소에 배치되지 않을 경우라도, (연인과 더불어 싸울 때와) 마찬가지로 동료를 버리는 일을 수치스럽게 생각하는 것이지요. 왜냐하면, 라케다이몬 사람들이 섬기는 신은 뻔뻔함의 여신이 아니라 수치의 여신이기 때문입니다. 36. 제가 생각하기에, 만약 다음과 같은 방식으로 문제에 접근할 경우, 제가 말하는 것에 우리 모두 동의에 이를 수 있을 듯합니다. 서로 다른 두 가지 방식으로 사랑을 받는 소년이 있다고 합시다. 우리는 둘 중 누구에게 우리의 돈이나 자식을 믿고 맡기고, 친절을 베풀겠습니까? 왜냐하면, 제가 생각하기에, 애인의 외모를 사랑하는 사람이라도, 자식 교육과 관련해서는, 사랑할 만한 영혼이 있는 자에게 믿고 맡길 것이기 때문입니다. 37. 그리고 칼리아스여, 당신의 경우에는 신들이 당신에게 아우톨뤼코스에 대한 사랑을 심어 주었다는 점에서, 신들께 감사할 줄 알아야 마땅합니다. 왜냐하면, 아우톨뤼코스가 명예를 사랑한다는 점이 명백하니까요. 물론 그는 팡크라티온의 승자

테미스토클레스의 이름이 새겨진 도자기 조각 (기원전 482년 경 제작, 아크로폴리스 근처의 우물에서 발견됨.) : 아테네인들은 투표를 통해 독재자가 될 우려가 있는 시민을 공동체로부터 추방하는 제도(도편추방제)를 실시했다. 투표를 통해 추방된 자는 10년간 추방당한 후 다시 복권되었다. 테미스토클레스는 아테네의 훌륭한 장군이었으나 스파르타의 사주로 추방되었다. 추방 후 그는 페르시아로 갔으며, 아르타크세르크세스 1세의 명으로 마그네시아 총독이 되었다.

로 선언되기 위하여, 많은 고난과 육체적 고통을 감내하고 있지요. 38. 만약 아우톨뤼코스가 자신과 자기 아버지를 영광스럽게 생각할 뿐 아니라, 그의 용맹으로 인해 친구들에게 이익을 가져다주며, 승전 기념비를 세워 조국의 명예를 드높일 능력을 갖추고, 또한 이로써 모든 이로부터 존경받아 희랍인들이나 이방인들 사이에서 저명해지고자 한다면, 아우톨뤼코스는, 그 사람이 누구든지 간에, 이런 일을 행하는 데 제일 좋은 동료라고 생각

"아테네인, 크산티포스의 아들 페리클레스" (기원전 430년경의 그리스 원본을 로마 시대에 복제한 대리석 조각)

하는 사람을 가장 존경하지 않겠습니까? 39. 따라서 당신이 아우톨뤼코스의 마음에 들고자 한다면, 당신은 테미스토클레스가 무엇을 알았기에 희랍을 자유롭게 만들었는지 조사해야 할 겁니다. 또한, 당신은 페리클레스가 어떤 것을 알았기에 그의 조국에서 가장 현명한 조언자로 간주되는지 조사해야 합니다. 더 나아가 당신은 솔론이 도대체 어떻게 사색하고서(philosophisas) 그의 국가에 최고의 법률을 제정해 주었는지 생각해 보아야 할 것입니다. 한편 당신은 라케다이몬 사람들이 어떤 훈련을 했길래 가장 강력한 군사

지도자라고 생각되는지 조사해야 합니다. 왜냐하면, 당신은 그들의 영사(proxenos)[66]이므로, 라케다이몬 사람 중 가장 강력한 사람들이 늘 당신 집에 머물기 때문입니다. 40. 그러니까 당신이 원한다면, 국가가 곧바로 당신에게 통치권을 맡길 겁니다. 이 점을 잘 알아 두세요. 왜냐하면, 당신은 그럴 만한 자격이 있으니까요. 당신은 훌륭한 가문 출신입니다. 즉 에렉테우스의 후손[67]입니다. 또한, 당신은 이악코스의 영도 아래 이방인들에 대항해서 출정했던 신들[68]을 모시는 사제입니다. 그리고 현재 당신은 종교 제전에서 사제직을 경건히 수행하면서 당신의 선조들을 능가하고 있다고 간주됩니다.[69] 또한, 당신은 이 나라의 누구보다 보기 좋은 몸을 가지고 있으며 당신 몸은

66 희랍 도시국가에는 법적인 영사 시스템이 없었다. 그 대신 각 도시국가는 다른 나라의 유력인사를 이용해서 외국에 간 자기 나라 시민들의 권익을 보호하고자 했다. 이처럼 어떤 나라의 원주민이면서 다른 국가의 대변인으로 활동한 사람을 proxenos 라고 불렀다.

67 칼리아스의 가문은 사제 씨족에 속한다. 그의 가문 내력은 케뤽스로 올라가는데, 그는 헤르메스와 아글라우로스의 아들이었다. 하지만 아글라우로스는 에렉테우스의 후손이 아니라 그의 유모 중 하나였다.

68 전승에 따르면, 페르시아 전쟁 당시 희랍 함대가 살라미스 근처에 정박한 채 해전을 준비하고 있을 때, 거대한 먼지 구름이 엘레우시스 쪽으로 일었다고 한다. 또한, 놀라운 음성—이악코스에 대한 울부짖음—이 구름과 함께 함대를 향해 다가왔다. 이것은 희랍 군사들의 사기를 북돋아 주었다. (헤로도토스, 《역사》VIII 65 및 플루타르코스, 《테미스토클레스의 생애》XV 참고).

69 칼리아스는 엘레우시스 제전에서 횃불을 들고 가는 역할을 담당했다.

고난을 감당할 수 있습니다. 42. 만약 지금 제가 술자리에 합당한 선을 넘어서 지나치게 심각하게 이야기하고 있다고 생각이 들더라도, 여러분들은 놀라지 마십시오. 왜냐하면, 본성상 선하고 덕을 열렬히 열망하는 사람들을 국가가 사랑하듯이, 저도 항상 그런 사람들을 사랑해 왔기 때문입니다."

42. 그러자 다른 사람들은 소크라테스가 말한 것을 토론했다. 하지만 아우톨뤼코스는 칼리아스를 뚫어지게 쳐다보고 있었다. 칼리아스는 아우톨뤼코스 쪽을 흘깃 보면서 말했다. "소크라테스여, 그러면 당신은 저를 국가와 중개해 주시겠습니까? 그래서 제가 정치 활동을 하고 항상 국가의 호의를 받을 수 있도록 말입니다."

43. 소크라테스가 대답했다. "물론이지요. 만약 당신이 덕을 돌보는 체하지 않고 실제로 덕을 돌본다는 사실을 이 나라가 안다면요. 왜냐하면, 사실 여부를 확인해 보면, 잘못된 의견은 곧바로 발각되는 반면, 진정한 용감함은—신이 훼방을 놓지만 않으면—실제 행동에서 늘 더욱 찬란한 명성을 가져오는 법이니까요."

**IX.** 그들의 논의는 여기서 끝났다. 아우톨뤼코스는 이미 산책할 시간이 되어서 산책하러 나갔다. 그리고 그의 아버지 뤼콘은 아들과 함께 나가다가 뒤돌아보면서 말했다. "헤라 여신에 맹세컨대, 소크라테스여, 저의 눈에는 당신이 정말 훌륭하고 좋은 사람으로 보이는군요."

2. 그가 사라진 후, 먼저 방 안에 옥좌가 놓였다. 그러자 쉬라쿠사

이 사람이 들어와서 말했다. "여러분! 이제 아리아드네가 그녀 자신과 디오뉘소스를 위한 방으로 들어올 겁니다. 그 후에 디오뉘소스가 신들과의 술자리 때문에 약간 취해서 아리아드네에게로 올 겁니다. 그리고 그들은 서로 즐길 겁니다."

머리에 화환을 쓰고 손에 풍요의 상징 cornucopia를 들고 있는 디오뉘소스와 베일을 쓰고 있는 아리아드네 (청동 부조, 기원전 325-300년경)

3. 이때, 아리아드네가 새색시로 꾸미고 들어와서 옥좌에 앉았다. 디오뉘소스는 아직 모습을 드러내지 않았으나, 주신(酒神)을 예찬하는 플루트 곡이 연주되었다. 이때 회중들은 무용 교사에게 찬사를 보냈다. 왜냐하면, 아리아드네가 플루트 소리를 듣자마자, 그 음악을 듣고 기뻐한다는 사실을 모두가 알 수 있도록 행동했기 때문이다. 그녀는 디오뉘소스를 맞이하러 가지 않았고 일어서지도 않았다. 그러나 그녀가 평정을 간신히 유지하고 있음이 분명했다. 4. 하지만 디오뉘소스가 그녀를 보았을 때, 그는 춤추면서 아리아드네에게 다가왔고, 아주 사랑스럽게 그녀의 무릎 위에 앉으며 그녀를 감싸고 키스했다. 그녀는 부끄러워하는 듯했으나, 애정을 가지고 그의 포옹에 화답했다. 향연에 참석한 사람들은 그 광경을 보고서 박수갈채를 보내는 동시에 "한 번 더!"라

고 외쳤다. 5. 디오뉘소스가 일어서서 아리아드네를 함께 일으키자, 서로 키스하고 애무하는 모습이 연출되었다. 구경하던 사람들이 보기에 디오뉘소스는 정말 미남이었고 아리아드네도 아름다웠으며, 이들은 키스하는 모습을 익살스럽게 풍자하는 것이 아니라 정말 입술을 마주 대고 키스하는 듯했다. 모든 관중은 황홀경에 빠져서 바라보았다. 6. 왜냐하면, 그들은 디오뉘소스가 아리아드네에게 자신을 사랑하느냐고 묻는 동시에, 아리아드네는 그렇다고 맹세하는 것을 들었기 때문이다. 그리하여 디오뉘소스뿐 아니라 거기에 참석한 모든 사람까지도 그 청년과 처녀가 서로 사랑한다고 맹세할 수 있을 정도였다. 청년과 처녀는 동작을 연마한 배우들처럼 보이지 않았고, 오히려 오래전부터 갈망하던 것을 이루려고 하는 사람들과 같아 보였다. 7. 마침내 향연에 참석한 사람들은 두 사람이 서로를 감싸 안고 침대로 향하는 듯한 광경을 보게 되었다. 그러자 결혼하지 않은 사람들은 결혼할 것이라고 맹세했고, 이미 결혼한 사람들은 말 위에 올라타고 자기 부인들을 만나러 집을 향해 떠났다. 소크라테스와 자리에 남은 다른 사람들은 칼리아스와 함께 뤼콘과 그 아들이 있는 곳으로 산책하러 갔다.

이렇게 해서 그 날의 향연은 종료되었다.

# 부록

## 고대 희랍의 가정과 여성

# 고대 희랍의 가정과 여성[1]

—크세노폰의 Oeconomicus에 나타난 아내의 품성 교육을 중심으로—

## I. 시작하는 말

고대 희랍은 남성 중심의 사회였다. 교육의 기회 또한 상위계급의 남성에 한정되었다. 즉 6-14세까지 희랍의 소년들은 개인교수로부터 쓰기, 읽기, 수학, 예술, 철학 등을 배웠으나, 여성들은 가정에서 살림을 배우는 것 외에 학습할 기회가 거의 없었다. 더구나 대부분의 희랍 여성들은 평생 남성들로부터 격리되어서 가정 내의 여성 구역에서 살아가야 했으며 남성의 감시와 보호를 받아야 했다. 그렇다면 과연 희랍의 여성은 가정에서 구체적으로 어떤 역할을 담당했으며, 어떻게 그 역할에 맞는 품성을 교육받았을까?

이 물음에 답하기 위해, 우리는 먼저 고대 희랍사회에서 여성이 어떤 사회적, 정치적 지위를 지녔는지 살펴볼 것이다. 다음으로 우리

---

1 이 논문은 2014년도 7월 발간된 《도덕윤리과교육》 제43호에 게재된 논문을 일부 수정한 것임.

는 크세노폰의 Oeconomicus에 나타난 아내의 품성 교육을 분석함으로써, 크세노폰이 올바른 여성교육과 가정교육의 길을 어떻게 제시하고자 했으며, 가정교육을 사회교육 및 국가 통치와 어떻게 관련짓고자 했는지 밝히고자 한다. 이를 통해 우리는 크세노폰의 가정 및 사회 교육론이 오늘날의 품성 교육에 어떤 시사점을 주는지 생각해 보고자 한다.

## II. 고대 희랍의 가정과 여성

### 1. 고대 희랍의 여성관

희랍 신화에 따르면 최초의 여성 판도라(pandora)는 프로메테우스를 통해 인간이 불을 훔친 죄에 대한 벌로 창조되었으며, 인류에게 온갖 슬픔과 고통, 괴로움을 주기 위해 만들어졌다(헤시오도스,《일과 나날들》 60-105). 이런 이유로 아테네인들은 여성을 남성보다 정신적, 육체적으로 열등하고 교활하며 자신과 남들에게 해를 끼치는 존재로 간주했다(아리스토텔레스,《동물지》 608b1-14). 특히 소녀들은 거칠고 통제하기 힘들며 자기 파멸적인 환상에 사로잡히기 쉽다고 여겨졌기 때문에 일찍 결혼시켰다. 왜냐하면, 첫 번째 아기를 출산한 후에야 여성은 여성으로서 완전히 기능할 수 있다고 보았기 때문이다.

또한, 여성에 관한 희랍 사상가들의 견해는 대부분 부정적이었다.

① 아리스토텔레스는 남성이 본성적으로 여성보다 우월하며, 따라서 남성은 다스리고 여성은 다스려져야 한다고 주장했다. 《정치학》 1259b1-3)

② 데모스테네스는 말했다. "우리는 쾌락을 위해 기생(hetaera)을 소유하고, 일상적 보살핌을 위해 여성 노예들을 소유하며, 적법한 아이들을 낳고 가정을 지킬 수 있도록 아내를 소유한다." 《연설문》 59.122)

③ 비극작가 에우리피데스는 여성을 혐오스러운 존재로 묘사한다.

> a) "나는 여성일 뿐임을 잘 알고 있습니다. 즉 모든 이들이 미워하는 존재이지요." 《히폴리토스》 406-7)

> b) "여성의 독에 대해서는 어떤 치료도 발견된 바 없는데, 이는 파충류의 독보다도 해롭지요. 우리는 남성에게 저주입니다." 《안드로마케》 270-3)

> c) "지각 있는 남성들은 떠벌이는 여인네들이 자기 아내를 방문하지 못하게 해야 합니다. 왜냐하면, 이 여인들은 나쁜 일을 꾸미기 때문입니다." 《안드로마케》 944-954)

④ 휘페리데스는 말하기를, 집 밖으로 외출하는 여성은 사람들이 "저 여자가 누구 아내인가?"라고 묻는 대신 "저분이 누구 어머니이신가?"라고 물을 정도로 나이가 지긋해야 한다. (단편 204, Lauriola, 2012: 28에서 재인용)

⑤ 페리클레스는 기원전 430년 장례식 연설에서 전몰병사의 아내들에게 "여성의 가장 큰 영광은 칭찬이든 비난이든 남성들 입에 가장 덜 오르내리는 것"이라고 말했다 (투키디데스, 《펠로폰네소스 전쟁사》 2.45.2).

## 2. Oikos와 여성의 지위

크세노폰의 Oeconomicus에 따르면, oikos는 "어떤 사람의 소유물 혹은 그가 자신의 재산을 증식하기 위해 소유하는 모든 것"이라고 정의된다(1.5). 이 정의에 따르면, oikos란 아내와 자녀 및 노예를 포함해서 동산과 부동산 및 소유 가능한 모든 재산을 포괄하는 것이다. 그런데 oikos는 남편-아내, 부모-자식, 주인-종이라는 위계질서에 의해 관계지어졌으며 그 위계질서의 정점에는 성인남성인 가장이 있었다. 따라서 oikos 내에서 가장의 권한은 절대적이었다. 가장은 자녀를 결혼시킬 권한이나 노예를 매매할 권한 외에 아기 양육 여부를 결정할 권한도 가지고 있었다.[2]

---

2 아테네에서는 아기 양육 결정권이 전적으로 아버지에게 있었다. 다시 말해 아기를 가족의 일원으로 받아들일지 말지는 가장이 결정했다. 아기를 기르겠다고 결심하면 이름을 지어줄 수 있었는데, 아버지는 설령 적법하게 태어난 아기라고 하더라도 내다 버릴 수 있었다. 한편 내다 버린 아기를 발견한 사람은 버려진 아기에 대해 권리를 행사할 수 없었으며, 입양할 수도 없었다. 왜냐하면, 입양은 양부모와 아이의 친부(혹은 친척) 사이의 상호합의로 이루어졌기 때문이다. 한편 아버지는 자식을 내다 팔거나 빚에 대한 담보로 삼을 수도 있었는데, 솔론은 이런 권한을 아버지(또는 오빠)가 매춘하

oikos[3]는 고대 아테네의 정치구조에서 매우 중요한 위치를 차지했는데, 그 이유는 oikos가 폴리스를 구성하는 최소단위였기 때문이다. 즉 폴리스란 여러 oikos들의 조합이었으며, 국부는 개별 oikos들의 생산력에 기초하고 있었다. 이처럼 oikos가 국가생산의 기반이었기 때문에, 폴리스는 oikos들이 사멸하지 않고 존속할 방안을 모색해야 했다. 그리고 결혼관계야말로 oikos의 지속을 유지할 수 있는 가장 좋은 방법이었다. 즉, 각 oikos는 결혼을 통해 자녀를 출산함으로써 그 정체성과 지속성을 유지할 수 있었다.

이처럼 결혼의 일차적 목표는 적법한 상속인 즉 사내아이를 출산하는 것이었기 때문에, 어려서부터 희랍 소녀들은 폴리스에 새로운 시민을 생산하는 역할을 감당하도록 양육되었다. 또한, 여성이 적법한 후손을 낳는 일이 매우 중요했기 때문에, 여성은 외간남자와의 접촉을 피하고자 외부활동을 제한받게 되었고 남성들과 고립된 채주로 집 안에서 지냈다.[4]

---

는 딸(또는 누이)을 붙잡았을 경우로 한정했다.

3 희랍의 oikos는 단순히 부부와 자녀로 구성된 것이 아니라 노예와 고모, 사촌, 집과 농장까지 포함한 것이었다. oikos를 형성하는 관계는 혈연과 결혼관계 및 입양을 포함한다.

4 몇몇 현대 학자들은 아테네 여성들이 하렘 구역에 사는 노예나 다를 바 없었다고 주장한다. 반면 다른 학자들은 아테네 여성들이 격리된 채 집안에서 생활하기는 했으나 존중받았으며 집을 다스렸다고 주장한다. (Pomeroy, 1975: 58)

한편 아테네의 법률은 여성을 일종의 미성년자로 간주했다. 그러므로 만약 여성이 oikos 외부 사회와 접촉하고자 한다면, 그녀는 전적으로 후견인(kyrios)에 의존해야 했다.[5] 더구나 아테네에서 소녀는 대개 사춘기 시절(15~16세 무렵)에 시집보내어졌고, 신랑은 30세 이상 되는 어른이었다. 따라서 결혼의 시작부터 남편과 아내의 지위는 평등하지 않았다.

여성들은 자기 재산을 마음대로 처분한 권한도 없었다. 즉 아테네 여성들은 재산을 소유하거나 사용할 수는 있었지만, 일정액 이상의 물건을 팔거나 살 수 없었다. 더 정확히 말하면 여성들은 개인적인 노예나 보석, 가구 등을 사용할 수 있었지만 마음대로 처분할 수는 없었다.

### 3. 여성의 교육과 덕목

Oeconomicus 7.4-5에서 이스코마코스는 자신의 아내가 15세에 시집왔을 때 아는 것이 거의 없는 상태였다고 고백한다. 물론 기원전 5~6세기 도자기 그림에는 때때로 소녀들이 교육받는 장면이 묘사되고 있지만, 그들의 실제 교육은 단순히 집안 살림살이를 돌

---

5 성인 남성의 후견인을 지칭하는 공식 용어는 epitropos였으며, 여성의 후견인은 kyrios라고 일컬어졌다. 특히 여성은 혼자서 계약을 맺거나 결혼할 수 없었으며, 법정에서 스스로 변호할 수도 없었다. 여성의 모든 공적 업무는 kyrios가 대신했다. 결혼 전까지 여성의 kyrios는 아버지였던 반면 결혼 후의 후견인은 남편이었다.

보거나 여사제로서 사원 문서를 지키기 위해 읽고 쓰는 것을 가르치는 데 한정되었다.

아테네 사회에서 선거와 공직 출마, 배심원 및 병역의 의무는 남성에게만 주어졌다. 이 때문에 소년은 민회나 법정에서 대중들을 설득하고 동료들 사이에서 좋은 평판을 얻기 위해 수사학을 공부했고, 병사로 복무하기 위해 체육 교육도 받았다. 반면 소녀들은 장차 공직에 진출할 가능성이 없었기 때문에, 어려서부터 여성들은 주로 자기 어머니와 친척 여성들로부터 살림살이와 관련된 교육을 받았다. 또한, 아이 기르는 데 전문성을 가진 늙은 노예들도 여성의 의무를 가르쳤고, 남편들도 아내를 가르쳤다. 왜냐하면, 아테네 여성들은 어린 나이에 결혼했기 때문이다. 여성들에게는 주로 침묵과 순종, 절제가 요구되었다.

이런 이유로 희랍 비극에서도 여성들의 품성은 순종과 정숙으로 특징지어졌다.[6] 가령 소포클레스의 비극 《안티고네》에서 이스메네는 phyo라는 단어를 여러 번 사용하면서, 여성이 남성과 다투려고 해서는 안 되는 이유가 인간에 의해 만들어진 규범이라기보다는 본성적 차이 때문임을 강조한다.

반대로 전형적 행동을 벗어난 행동을 하는 여성들은 "남성적"

---

6 아내를 가리키는 고대 희랍어 단어는 damar였는데, 어원적으로 이 단어는 본래 "복종시키다", "(야생짐승을) 길들이다"를 뜻하는 동사 damazein에서 파생한 명사였다.

이라고 규정되었는데(가령 《아가멤논》 351), 여성을 남성적으로 규정하는 것은 찬사가 아니라 비난이었다(《안티고네》 484-5). 아리스토텔레스도 여성이 남성적이거나 영리하다고 묘사되는 것이 바람직하지 않다고 보았다.[7]

## 4. 스파르타의 여성

그런데 희랍의 여타 폴리스들과는 달리 스파르타에서는 여성들이 외출과 이동에 완전한 자유를 가졌을 뿐 아니라 남성과 동등한 교육을 받을 권리도 가졌다. 또한, 다른 폴리스에서는 여성들이 농사일을 관장하는 경우가 거의 없었고 주로 집 안에서 살림살이를 돌보았던 반면, 스파르타에서는 남성과 여성 시민들이 헬로트[8]들을 관리해서 농산물을 생산했다(Fleck & Hanssen, 2009: 228).

더구나 스파르타 여성들은 토지를 상속받거나 소유할 수도 있었

---

7 아리스토텔레스는 남성과 여성의 탁월함이 동일하지 않다고 간주했으며(《정치학》 1260a,《니코마코스윤리학》1158b,《수사학》1361a),《시학》1454a31에서는 멜라니페라는 여성의 무시무시한(deinos) 연설이 여성의 언사로서 부적절함을 지적하고 있다.

8 엄밀히 말해 헬로트는 노예가 아니다. 이들의 주요한 일은 농사였으며, 그들은 생산물 일부를 스파르타인에게 바쳤다. 헬로트의 권리는 사실상 지켜지기 힘들었으나, 여하튼 원칙적으로 헬로트도 자신의 소유에 대한 일정 부분의 권리를 가지고 있었다. 이처럼 자기 소유할 수 있었다는 점이 헬로트를 아테네나 다른 도시국가의 노예와 구별시켜 주는 점이다.

다. 아테네의 경우 신부의 결혼 지참금[9]은 대체로 현금이었던 반면, 스파르타에서는 주로 토지가 결혼 지참금으로 활용되었다. 이렇듯 스파르타 여성들은 결혼 당시부터 토지를 소유할 수 있었고 상속받을 수도 있었기 때문에, 고전기 후반 무렵 스파르타에서는 여성들이 국가 토지의 거의 40퍼센트를 소유하게 되었다(Fleck & Hanssen, 2009: 230-1).

한편 스파르타에서는 성별과 관계없이 7세 이상의 아동들이 공공교육을 받았는데, 여성들도 남성 못지않게 교육을 받았기 때문에, 스파르타 여성들의 지적 능력은 남성들과 거의 동등했다.[10] 물론 여성 자신은 군인이 될 수 없었으므로 스파르타 소녀는 소년들처럼 혹독한 군사훈련을 받지는 않았고 기숙사가 아니라 집에서 양육되었지만, 여성의 주된 임무는 후속 세대의 전사가 될 사내아이를 낳는 일이었기 때문에 건강한 아이를 낳을 수 있도록 여성들도 육체적인 훈련(달리기, 레슬링, 원반던지기, 창던지기, 가무 등)을 받았다 (Macdowell, 1986: 71-2).

인구를 극대화하기 위해서 결혼도 아이를 가장 잘 낳을 수 있는 나이에 이루어졌다. 아테네에서는 여성이 대개 12~16세에 결혼했으

---

9 결혼지참금은 결혼 당시 신부가 가져가는 것으로, 아내의 재산으로 간주되었으며 이혼 시에는 아내에게 반납해야 하는 것이었다.

10 스파르타 여성들의 읽고 쓸 수 있는 능력은 남성들과 거의 대등했다(Fleck & Hanssen, 2009: 234-5).

나 스파르타 여성은 18~20세 무렵에 결혼했다. 이 때문에 아내와 남편 사이에 격차가 다른 폴리스들에 비해 비교적 덜했으며, 남편들은 군 복무 때문에 집을 자주 비웠기 때문에 아내가 거의 모든 집안일을 책임지고 관리할 수 있었다(Fleck & Hanssen, 2009: 235).

이처럼 스파르타 여성들이 여타 폴리스들의 여성보다 훨씬 나은 사회적, 경제적 지위와 교육 기회를 가졌던 근본적 이유는 스파르타가 메세니아를 정복한 병영국가였기 때문이다. 즉 처음부터 인구수가 적었던 스파르타는 잦은 전쟁으로 인해 충분한 성인남성의 수를 유지하기 힘들었고, 이 때문에 혹시라도 토지가 외부인의 손으로 넘어가는 것을 막기 위해 뤼쿠르고스의 법률 개정 이래로 여성의 토지 상속권을 인정하고 여성의 경제활동을 장려하고 여성에게도 남성과 동등한 교육을 허용함으로써 여성의 경제적, 사회적 권한을 대폭 확대했던 것이다.

이러한 스파르타의 여성상에 대해 긍정적 견해를 피력한 사상가들(가령 플라톤)도 있었으나 아리스토텔레스는 스파르타가 메세니아를 결국 잃게 된 까닭이 여성들의 재산권 남용 때문이라고 주장했다. 스파르타는 전 국민을 강건하고 절제력 있게 만들고자 했으나 오직 남성만을 그렇게 만들었을 뿐, 여성들은 무절제하고 사치한 삶 속에 탐닉함으로써 결과적으로 국가를 망하게 했다는 것이다(《정치학》 1269b-1270a). 이 주장의 옳고 그름을 떠나서, 우리는 스파르타의 여성상이 매우 이례적인 것이며, 대부분의 희랍 폴리스들에서 지지를 얻지 못했음을 알 수 있다.


## III. Oeconomicus에 나타난 아내 교육

고대 희랍 사회에 관한 일차문헌 중 대부분 글은 주로 희랍 사회의 공적 영역이나 정치적 문제에 초점을 맞춘다. 사적 영역에 대한 상세한 저술은 많지 않다. 반면 크세노폰의 Oeconomicus는 가정사에 관한 저술이다. 하지만 Oeconomicus가 언제 저술되었으며 어떤 배경하에서 저술되었는가에 관한 명확한 증거가 없으므로 이 대화편의 성격을 명확히 규정하는 일은 쉽지 않다.

그렇다면 Oeconomicus는 여성 특히 아내의 품성 교육에 관해 어떤 가르침을 제시하는가? Oeconomicus에는 아내와 남편의 관계를 다룬 두 부분(3.10-15, 7.4-10.13)이 등장한다.


### 1. 성공적인 결혼과 가정 경영의 비결

먼저 크세노폰은 순수하게 경제적 관점에서 어떤 결혼의 성공과 실패를 대조한다. 부유한 젊은 청년 크리토불로스는 소크라테스에게 가정사를 돌보는 데 대해 조언해 달라고 부탁하는데, 그는 자신에게 가장 큰 이득을 가져다주도록 재산을 활용하고자 한다. 이 물음에 대해 소크라테스는 자신보다 훨씬 전문적 견해를 가진 사람들이 존재하며 이들로부터 성공의 비결을 깨달을 수 있다고 고백하면서도, 성공적인 결혼과 가정 경영의 비결을 다음과 같이 말한다.

소크라테스는 적절한 사용 여부에 따라 동일한 대상들이 유익을 줄 수도 있지만, 해악을 가져올 수도 있음을 지적한다. 즉 어떤 이들은 아무 쓸모도 없는 사치품을 소유하고 돌보는 일로 인해 골머리를 앓지만, 다른 이들은 더 적은 것들을 소유하면서도 자신들이 사용하는 데 필요한 것은 무엇이든 얻는다. 또한, 어떤 집에서는 모든 노예가 묶여 있으면서도 항상 달아날 궁리만 하지만, 다른 집에서는 노예들이 아무런 제한 없이 활동하면서도 그 집에 머물러 일하고자 한다. 한편 어떤 집은 말을 소유함으로 인해 망하지만, 다른 집은 말로부터 부와 영광을 얻는다. 마찬가지로 어떤 가정은 결혼이 유익한 관계인 반면, 다른 집은 결혼이 무익하다. 어떤 사람들은 아내와 항상 협력관계를 유지해서 남편과 아내의 공동 노력의 결과 재산을 증식하는 반면, 다른 사람들은 잘못된 협력관계로 인해 완전히 망하기도 한다는 것이다(3.2-10).

그렇다면 만약 결혼생활이 실패할 경우 일차적 책임은 남편과 아내 중 누가 져야 하는가? 이에 대해 소크라테스는 다음과 같이 답변한다.

"만약 양이 아프면 우리는 대체로 목동을 비난하고, 말이 다루기 힘들면 기수를 비난한다네. 아내에 관해서는, 만약 그녀가 올바른 방식으로 행동하도록 남편으로부터 교육을 받았는데도 잘못 행동한다면 아내가 비판받아 마땅하겠지만, 반대로 남편이 아내에게 탁월함을 가르치지 않았다면 비난받아야 할 사람은 남편이 아니겠는가?" (3.10-15)

그런데 크리토불로스는 아내가 아직 어린아이여서 거의 보고 들은 것이 없을 때 결혼했다. 따라서 결혼 전 그의 아내는 자신이 어떻게 말하고 행동해야 하는지 알지 못했다. 크리토불로스뿐 아니라 대부분의 아테네 남성들은 15~16세의 어린 소녀와 결혼했으므로 아내를 스스로 교육해야 했다. 그렇다면 좋은 아내를 가진 남편들은 아내를 어떻게 교육했을까?

이 물음에 대해 소크라테스는 실제 사례를 직접 조사해 보는 것보다 좋은 방법을 없을 것이라고 답하면서, 아내교육의 실제 사례를 언급하기에 앞서 우선 반려자로서 아내의 역할을 "가정의 안녕을 이룩하는 데 있어서 남편의 동반자"라고 규정한다(3.15). 아내가 가계 경제의 큰 몫을 담당하는 까닭은 가계 수입이 대개 남편의 노력으로 얻어지지만, 소비는 대부분 아내에 의해 관리되기 때문이다. 따라서 수입과 지출이 능숙히 이루어진다면 재산이 늘어나겠지만, 그렇지 못하다면 재산이 감소할 것이다.

여기까지의 논의를 통해 살펴보면, 기존 희랍 사회에서는 oikos가 전적으로 남성의 소유물이며 여성은 남성 가장과 노예들의 중간관리자 역할을 담당하는 데 그쳤으나, 크세노폰은 아내의 역할을 가정의 부를 축적하고 증식하는 데 있어 남편의 동반자로 간주하고 있다.

## 2. 여왕벌의 비유

Oeconomicus 7.4-10.13에서 소크라테스는 아내 교육에 성공한 남편의 사례를 제시한다. 즉 소크라테스는 동료 시민 가운데 명성을 얻었고, 재산 증식에 성공한 이스코마코스와 자신이 가졌던 대화를 전하고 있는 것이다. 이스코마코스는 훌륭하고 좋은(kalos kagathos) 이상적 인간형으로 묘사되고 있다.

소크라테스는 이스코마코스의 아내가 시집오기 전 처가에서 살림살이를 교육받았는지 아니면 이스코마코스 자신이 가르쳤는지 묻는다. 그러자 이스코마코스는 자신의 아내가 시집왔을 때 미처 15세도 되지 않았으며, 결혼 전에는 가능한 한 적은 것을 보고 듣도록 세심히 보호되었고, 가능한 한 적은 질문을 던지도록 교육받았다고 답한다(7.5-6).

이어서 이스코마코스는 자신이 어떻게 아내를 교육하기 시작했는지 말한다. 먼저 이스코마코스는 아내가 총명해서 말귀를 알아들을 수 있음을 깨닫고서, 그녀에게 동반관계로서 결혼에 관해 가르쳤다. 이스코마코스에 따르면, 아내와 남편의 역할은 다르다. 남편은 집 밖에서 이루어지는 활동들에 관해 책임지지만, 아내는 집 안에서 이루어지는 활동에 관해 책임을 진다(7.22-24). 이스코마코스는 아내의 역할을 하나하나 세심히 설명하면서, 아내의 역할을 여왕벌의 역할에 비유한다.

여왕벌은 벌집을 다스리면서, 꿀벌들이 어슬렁거리는 것을 내버려두지 않고 일하러 보내며, 벌집에 들어오는 모든 것들을 관리하면서 그것이 다 소진될 때까지 안전히 지켜 꿀벌들에게 공평하게 나누어준다. 또한, 여왕벌은 벌집 건축을 감독하면서 신속하면서도 확고하게 건축되도록 한다. 또한, 새끼들을 돌보는 데도 주의를 기울여서, 새로 태어난 꿀벌들이 충분히 성숙하면 새로운 군락을 건설하도록 내보낸다(7.33-34).

크세노폰은 과연 무엇을 염두에 두면서 oikos에서 아내의 역할을 벌집에서 여왕벌의 역할에 비유했을까?

헤시오도스의 《신들의 계보》에 따르면 여성은 남성들과 동거하지만, 인류에게 있어서 커다란 근심거리이며, 고통스러운 가난의 동반자가 아니라 단지 사치의 농반자일 뿐이다. 마치 수벌이 꿀벌들에의해 건축된 벌집에 살면서도 다른 벌들의 노동을 자기 배에 축적하는 것처럼 말이다(《신들의 계보》 590-599).

이처럼 헤시오도스는 여성을 놀고먹는 수벌에 비유했던 반면, 아모르고스의 시모니데스는 대부분의 열심히 일하는 여성들이 꿀벌에서 연유했다고 주장한다. 꿀벌들은 살림을 잘 돌보면서 남편과의 사랑 속에서 늙어가며, 이런 연유로 제우스가 사람들에게 선물한 것 중 최고이자 가장 사려 깊은 존재라는 것이다(시모니데스, 《

단편》 7.83-93).

　크세노폰이 앞서 언급한 시인들의 영향을 받았는가는 분명치 않
으나, 우리는 희랍의 문화적 전통에서 꿀벌이 여성이나 근면성과 연
결되고 있음을 알 수 있다. 그런데 다른 한편으로 보면 크세노폰의
비유는 정치적 의미를 함축한다.

　크세노폰은 다른 저작에서 여왕벌을 정치 지도자에 비유하고 있
다. 이를테면 《퀴로스의 교육》 5.1.24-5에서 아르타바주스는 퀴로스
대왕에게 다음과 같이 말한다.

> "저에게는 당신이 마치 벌집 안에서 벌들의 통치자가 되듯 왕으로 태어
> 나셨다고 생각됩니다. 왜냐하면, 꿀벌들이 언제나 여왕벌에 기꺼이 복종
> 하면서 이들 중 어느 것도 여왕벌이 머무르는 곳을 떠나지 않으며 여왕
> 벌이 가는 곳이라면 어디든지 따르는 것처럼…, 제가 보기에는 사람들
> 도 어떤 본능 같은 것에 의해서 당신에게로 이끌리는 것이니 말입니다."

　이렇게 본다면, 크세노폰의 저술에서 여왕벌은 정치 지도자 또는
군 지도자를 대표하는 듯하다(《헬레니카》 3.2.28 참고). 하지만 엄밀히
말하자면, 아내의 역할은 여왕벌의 역할과는 다르다. 왜냐하면, 아내
는 마치 여왕벌이 꿀벌들을 벌집 밖으로 일하러 내보내듯 자신의 자
녀들을 밖으로 내보낼 필요가 없기 때문이다. 더구나 oikos는 정치
조직 또는 군사조직이 아니므로 아내의 역할은 왕 또는 군사 지도

자의 역할과는 다르다. 고대 희랍 사회에서 여성이 정치나 군에 참여할 수 없었다는 사실을 고려할 때, 아내의 역할을 정치 지도자나 군사 지도자에 비유하는 것이 과연 올바른지 의문이 제기될 수 있다.

그렇다면 크세노폰은 잘못된 비유를 사용하고 있는가? 우리는 크세노폰이 Oeconomicus에서 여왕벌의 비유를 통해 사적 영역을 의도적으로 공공 영역(혹은 사회 일반)과 비교하고 있음을, 그리하여 사회적 도덕 및 인성 교육에 관한 이념을 가정의 질서 확립에까지 적용하려 했음을 깨달을 수 있다. 즉 크세노폰에 있어 사생활은 공적 영역과 반대되는 것이 아니며, Oeconomicus는 단순히 특정 개인의 삶의 역사적 기록이나 아테네 가정 살림살이의 전형적 형태와는 거리가 멀다. 그것은 사회교육의 변형이었던 것이다.

## 3. 남성적 지성

앞서 살펴본 바와 같이, 고전기 아테네에서 "남성적"이라는 칭호는 여성에게 칭찬이 아니라 일종의 비난이었다. 하지만 크세노폰은 이에 동의하지 않는다. 오히려 아내가 남성적 지성을 가지는 일은 최고의 찬사인 것이다(10.1).

Oeconomicus에 따르면, 가정 경영의 가장 중요한 초석은 남편과 아내의 유능함이다. 그런데 크세노폰은 질서의 중요성을 특별히 강조하면서 가정생활에서의 질서와 규칙준수의 유용성을 군사적, 정치적 영역의 질서정연함에 비유해서 설명한다. 크세노폰은 네 가지 비유를 제시한다.

① 군대의 경우(8.4-9) : 육군이나 해군의 경우처럼, 가정생활에도 질서에 대한 복종이 필요하다.

② 선박의 경우(8.11-16) : 선원들이 온갖 종류의 물품들을 선상에 완벽히 적재하는 것처럼, 가정에서도 각종 물품을 질서 있게 분류해서 쌓아두는 것이 도움된다. 또한, 좋은 선장은 선원들에게 잘 명령해서 배가 최고 속도로 전진할 수 있도록 하지만, 서투른 선장은 선원들의 마음을 감동하게 하지 못하며 항해 후에 선원들로부터 비난을 피할 길이 없다. 가정생활의 경우도 이와 마찬가지이다.

③ 상점의 경우(8.22) : 상점에 물건들이 가지런히 진열되어 있을 때 구매가 쉬운 것처럼, 가정에서도 물품들을 질서 있게 갈무리해 두어야 필요할 때 찾기 쉽다.

④ 보초의 경우(9.15) : 장교가 보초 서는 병사들을 감찰하는 것처럼, 훌륭한 주부는 때때로 집안의 모든 일을 점검해야 한다. 특히 주부는 살림 도구들이 잘 간수되도록 배려해야 하는데, 주부의 역할은 마치 말들을 지키고 기병을 전투 가능한 상태로 관리할 책임을 진 관리와 마찬가지이다.

이스코마코스는 질서보다 좋은 것은 없다고 말하면서(8.3), 좋은 아내의 주요한 역할이 가정의 질서와 규칙을 수호하는 일이라고 말한다(9.15). oikos의 규칙이란 모든 것이 질서 정연하게 위치하도록 하는 것이며, 종들은 각자의 행위에 근거해서 이에 합당한 보상과 처벌을 받게 되는 것이다.

그런데 규칙 준수는 oikos가 번성하는 길인 동시에, 국가가 번영하는 길이기도 하다. 이런 이유로 크세노폰은 국가를 운영하고 다스리는 데도 규칙 준수가 중요함을 밝히고 있다. 가령 뤼쿠르고스의 법은 스파르타 젊은이들이 항상 법의 감시를 받도록 하는 것이었다(《라케다이모니아인들의 정치체제》2.10-11). 이러한 법은 시민들로 하여금 범죄를 저지르지 못하도록 방지할 뿐 아니라, 올바른 행동양식으로 삶의 조건을 개선하도록 했다(《라케다이모니아인들의 정치체제》10.5). 이를 통해 스파르타는 그 시민들이 법을 존중하고 항상 올바른 행동양식에 따라 살아가도록 가르쳤다. 이렇게 볼 때, Oeconomicus에서 제시된 oikos의 질서와 규칙은 사회 질서를 통제하는 공공의 법률과 동형구조로 되어 있으며, oikos나 국가의 지도자는 그 구성원들이 질서와 규칙을 잘 지킬 수 있도록 가르치고 관리해야 한다.

그런데 질서 및 규칙준수의 중요성과 연관해서 크세노폰이 제시하는 사례들은 고대 희랍 사회에서 여성이 아니라 남성에 의해 숙지되고 실천되어야 할 것들이다. 그런데도 크세노폰이 안주인으로서 여성의 역할과 관련해서 군대나 선박 등의 비교사례들을 제시한 까닭은 어쩌면 크세노폰 자신이 군인이어서, 자신의 군사적, 정치적 경험 혹은 관심과 모종의 연관관계를 가질 수도 있지만, 더욱더 중요한 이유는 교육적 의도 때문이었을 것이라고 판단된다.

Oeconomicus 8.2에서 이스코마코스는 자신의 아내가 필요한 물건을 어디에 보관했는지 기억하지 못해서 허둥대자, 아내에게 물품 관리 방법을 제대로 가르치지 못한 자기 자신의 잘못을 꾸짖는다. 그런데 아내를 교육해야 할 책임이 남편에게 있는 것처럼 종들에게 유용한 기술을 가르치는 책임은 아내에게 있다. 따라서 만약 종들이 일을 잘 못 했을 경우, 남편은 종들을 직접 나무라는 대신 우선 자기 아내를 가르치고 도우며 감독해야 한다.

우리는 이스코마코스의 아내 교육과 관련해서 다음과 같은 특징들을 발견할 수 있다.

## 1) 지도자로서의 본을 제시

이스코마코스는 아내를 교육하면서 자기 자신을 본으로 제시하고 있으며, 아내에게도 종들의 본이 되어야 함을 요구한다. 즉 국가의 지도자 자신이 백성들에게 행동의 모델이 됨으로써 백성들을 교육해야 하는 것처럼, 남편은 아내에게, 그리고 아내는 종들에게 윤리와 행위의 본보기가 되어야 한다는 것이다.

Oeconomicus 이외의 크세노폰의 다른 저서들에서도 이러한 교육철학이 나타나는데, 가령 크세노폰은 《퀴로스의 교육》 1.1.3에서는 퀴로스를, 《라케다이모니아인들의 정치체제》에서는 스파르타 왕 뤼쿠르고스를 올바른 지도자의 범형으로 제시한다. 뤼쿠르고스는 스파르타 사회에 도덕성과 공적 질서를 확립함으로써 스파르타 후손의 번영과 강성함의 초석을 닦았다는 것이다. 특히 현명한 법 제정과 법에 대한 백성들의 복종은 도덕성을 고양하는 데 매우 중요하다. 퀴로스와 뤼쿠르고스가 페르시아와 스파르타의 훌륭한 교육자였듯이, Oeconomicus에서는 이스코마코스와 그의 이상적 아내가 지도자나 교육자의 역할을 담당하고 있다. 이들은 마치 퀴로스처럼 주변 사람들에게 완벽한 인품을 보여줌으로써 도덕의 모델이 되고 있으며, 뤼쿠르고스처럼 종들에게 규칙들을 만들어 줌으로써 행위의 기준을 제시하고 있다.

## 2) 적절한 포상과 처벌의 필요성

이스코마코스에 따르면, 폴리스의 법률은 가정 경영에도 직접 적용할 수 있다. 그래서 이스코마코스 자신은 드라콘과 솔론의 법률 일부를 활용해서 종들을 정의의 길로 인도했다(14.4). 그런데 이상적 지도자의 통치 비결은 적절한 포상과 처벌이다. 드라콘이나 솔론의 법률은 단순히 죄지은 자를 벌했던 반면, 페르시아 왕의 법률은 부정의한 자를 처벌할 뿐 아니라 정의로운 자를 이롭게 한다. 이 때문에 사람들은 정의로운 자가 부정의한 자보다 더 부유하게 되는 것을 목격하고서, 부정의한 행동에 대한 유혹을 물리칠 수 있게 된다는 것이다(14.6-7).

그래서 이스코마코스는 마치 페르시아 왕이 백성들에게 적절한 포상과 처벌을 내리듯, 자신의 아내에게도 칭찬할 만한 가정 구성원들을 칭찬하고 명예롭게 하는 반면, 처벌받아야 마땅한 자들은 꾸짖고 벌하라고 조언한다(9.15). 이스코마코스의 견해에 따르면, 종들로 하여금 열심히 일하도록 독려하는 가장 좋은 방법은 그들이 올바르게 행동할 때 충분한 음식을 제공해 주거나 칭찬하는 것이다(13.9). 따라서 감독자는 일꾼들을 위한 의복과 신발에 차등을 두어서, 어떤 것은 더 좋고 어떤 것은 더 나쁘도록 해야 한다. 그리하여 나은 일꾼에게는 더 나은 의복과 신발을 주고 별 볼 일 없는 일꾼에게는 나쁜 의복과 신발을 제공해야 한다(13.10-12).

이와 유사한 논증이 크세노폰의 정치적 전기와 대화편에도 등장하는데 가령 《아게실라오스》에서 크세노폰은 친구들을 보상하는 기술에 능통했다는 점에서 아게실라오스를 칭송하고 있으며(1.17-9), 《히에론》에서는 훌륭한 왕이 백성들의 행복을 위해 자신의 개인적 소유물을 언제 하사해서 호의를 얻을 것인지 알아야 한다고 지적한다(11.1).


3) 남성과 동등한 존재로서 새로운 여성상을 제시

아테네 상류 계급의 일상생활에서 아내는 남편의 교육 대상이었다. Oeconomicus에서도 크리토불로스의 아내는 결혼했을 때 아직 보고 들은 게 거의 없었던 어린 소녀였으며(3.13) 이스코마코스의 신부 또한 불과 15세였다(7.5). 따라서 이들이 결혼 전에 가졌던 지식은 제한될 수밖에 없었다. 또한, 이런 이유로 남편은 일상생활에서 아내의 기술을 가르쳐야 했고, 아내의 행동에 관해 책임져야 했다. 마치 아내와 남편의 관계는 학생과 스승의 관계와 유사했다.

그런데 아테네의 일반 시민들은 교육열이 높았고 교육 자체의 중요성은 인정하면서도, 교육자에 대한 충분한 존경심은 가지지 않았다. 따라서 고전기 아테네에서 교육자의 사회적 지위는 매우 낮았으며, paedagogus의 처지는 이보다 비참했다.

반면 크세노폰은 도덕성 계발에서 교육자의 역할을 중시했다. 크세노폰이 보기에, 교육자는 뤼쿠르고스나 퀴로스 대왕, 아게실라오스, 히에로 등의 훌륭한 지도자들처럼 모든 시민의 본보기가 되어야 한다. 지도자의 선한 행동과 그가 제시하는 올바른 행동강령, 적절한 보상 및 처벌, 신에 대한 경외가 전 사회의 도덕성을 고양할 것이며 삶의 각 영역에 긍정적인 영향을 준다는 것이다.

이렇게 볼 때, 우리는 이스코마코스가 아내를 교육하면서 단순히 아내를 교육 대상으로만 간주하는 대신 아내 자신에게도 종들을 교육할 권한과 책임을 부여한 까닭은 그가 여성을 단순히 "남성보다 정신적, 육체적으로 열등하고 교활하며 자신과 남들에게 해를 끼치는 존재"로 간주한 것이 아니라, 남성과 동등하게 이성적 존재이며 동시에 가정을 수호하고 발전시켜 나가는 일에 있어 동반자로 간주했기 때문임을 알 수 있다. 심지어 이스코마코스는 아내에게 다음과 같이 고백한다.

"무엇보다 기쁜 일은 당신이 나보다 더 뛰어나 보여서 나를 당신의 시종

으로 만드는 일이요." (7.42)

남성적인 지성을 가진 아내는 남편의 동반자 역할을 넘어서, 궁극적으로 oikos의 진정한 지도자이자 안주인으로 자리매김한다는 것이다.

현대 학자들 가운데 일부는 Oeconomicus에서 크세노폰이 제시하고 있는 좋은 아내의 원형이 사실은 크세노폰 자신의 아내 Philesia의 모습이었다고 주장한다(Shero, 1932: 19). 크세노폰의 실제 아내가 어떤 사람이었는지 분명히 밝힐 사료는 많지 않으나, 아마도 크세노폰의 의도는 역사적 실존인물의 모습을 칭송하는 것이라기보다는 이상적인 여성상, 아내상을 제시하려는 것이었다고 생각된다. 크세노폰은 덕에 의한 교화라는 교육방법을 활용함으로써, oikos의 개선방안과 동시에 새로운 부부관계, 남녀관계의 청사진을 제시하고자 하였다.

## IV. Oeconomicus의 의의와 한계

크세노폰의 Oeconomicus는 희랍 문헌의 새로운 장르를 창조했으며, 후대 희랍-로마의 농서에도 영향을 끼쳤다. 키케로는 젊은 시절에 Oeconomicus를 라틴어로 번역했고, 그것을 로마 지성인들에게 알렸다(《의무론》 2.87). 공적 영역과 사적 영역을 연결하는 크세노폰의 전통은 후대 저술가들에게 큰 영감을 준 듯하다.

크세노폰은 플라톤이나 아리스토텔레스처럼 철학적 개념을 정의하거나 전제된 가정으로부터 결론을 도출해 나감으로써 인간의 올바른 품성과 삶의 방식을 논의하지는 않았다. 오히려 그는 일상적 삶의 모습에 관심을 가졌으며, 평범한 삶 속에서 우리가 어떻게 올바른 품성을 길러 나갈 수 있는지 논의하고자 했다. 그 결과 그는 Oeconomicus를 통해 올바른 oikos의 모습과 가족구성원에 대한 적절한 교육 방법을 제시했다. 특히 크세노폰은 정치적, 군사적 지도자의 통치술 및 교육법을 가정 경영에까지 적용함으로써 사적 영역에 관한 연구의 신기원을 세웠다.

그리고 크세노폰의 제안은 희랍 로마사에서 다음과 같은 큰 영향을 끼쳤다.

## 1) 가정의 중요성 회복과 여성의 지위 향상

Oeconomicus는 공적 영역의 내용을 사적 영역에 적용함으로써 결과적으로 가정생활의 가치를 높이는 동시에 여성의 지위를 향상했다. 가령 헤시오도스의 견해에 따르면, 삶의 실상은 비참한 것이며(《일과 나날들》 174-5), 농사는 제우스가 인간에게 부과한 형벌이다(《일과 나날들》 42-105). 또한, 헤시오도스는 노동의 목적이 더 심각한 재앙을 피하는 것이라고 말했다(일과 나날들》 397-400). 다른 희랍 작가들의 견해는 이처럼 극단적이지는 않지만, 그들도 대부분 가정생활을 정치생활이나 군사적 업무보다 열등한 것이라고 여겼다. 이를테면 아리스토텔레스도 《정치학》에서 국가는 본성적으로 명백히 가정이나 개인보다 우선한다고 말했다. 왜냐하면, 필연적으로 전체는 부분보다 선행하기 때문이다(1253a18-20). 그의 견해에 따르면, 부분(즉 oikos)은 전체(즉 폴리스) 없이 존립할 수 없다. 따라서 oikos는 폴리스보다 열등하며 덜 중요하다. 이와 마찬가지로 아테네 대부분의 극작품에서 여성들의 책임은 남편에 복종하는 것이었으며(에우리피데스, 《메데이아》 230-45), 여성의 존재는 사소하고 심지어 부정적이었다.

크세노폰도 고전기 희랍인들의 이러한 통념을 잘 알고 있었으므로, 아테네인들이 대체로 가정 노동을 멸시한다는 사실을 소크라테스의 입을 빌려서 언급한다(4.2-3). 하지만 크세노폰은 Oeconomicus를 통해서 가정생활의 중요성을 회복하고자 했다. 그의 견해에 따르면, 신들은 가정사를 여성에게 맡기지만, 공적인 일들은 남성에게 맡겼다(7.22). 이렇게 볼 때 여성의 생활 영역은 oikos 이내로 한정된다(7.29-31). 그런데도 여성의 역할은 단지 수동적 복종에 그치는 것이 아니며 남성적 지성을 가진 여성은 궁극적으로 oikos와 남편을 다스리는 여왕이나 여주인이 된다. 이러한 여성상은 아테네 비극에 등장하는 여성의 모습과는 매우 다른 것이다. Oeconomicus가 희랍, 로마사회에서 널리 읽혔다는 사실은 이 책이 여성의 모습과 처지를 개선하는 데 긍정적 기여를 했을 것이라는 추측을 낳게 한다.

## 2) 올바른 재산 증식법 제안

사람들은 대개 돈을 많이 모으는 데 혈안이 되어 있지만, 정작 그렇게 모은 돈을 어떻게 사용할 것인지에 관해서는 생각하지 않는 경우가 허다하다. 하지만 크세노폰은 우리가 잘 경영할 줄 모른다면 축적된 재산이란 쓸모없음을 지적한다(1.12). 오직 현명한 가정 경영자만이 자신의 삶을 쉽사리 부유하고 행복하게 만든다는 것이다.

Oeconomicus에서 크세노폰은 단순히 부를 축적 및 보존하는 대신, 재산을 가능한 한 최적의 상태로 관리하는 동시에 선하고 정의로운 방식으로 증식해 나갈 것을 제안한다(7.15). 크세노폰에 따르면 현명한 집주인은 희랍 전통적 개념에 따른 농부라기보다는, 선한 왕의 고결함을 나누어 가진 경영인이다. 즉 그들은 이스코마코스처럼 훌륭하고 좋은 자들이다.

위와 같은 Oeconomicus의 긍정적 기여에도 불구하고, 공공영역의 통치방식을 가정생활에 그대로 적용하려는 크세노폰의 제안은 후대 저술가들에 의해 널리 받아들여지지 않았다. 가령 僞-아리스토텔레스는 크세노폰의 접근방식을 거부하면서, 정치와 가정경영은 다루는 주제 자체가 상이할 뿐 아니라, 정치영역에서는 여러 명의 통치자가 존재하는 반면(이를테면 민주정이나 과두정의 경우)

oikos에는 한 명의 지도자가 존재한다는 점에서 두 영역이 크게 다르다고 주장했다(Oeconomica 1343a1-5).

더구나 크세노폰이 이상적 모델로 제시하는 oikos는 통치자와 통치대상 혹은 교육자와 교육대상 간의 적절한 관계를 해명하는 데에는 성공하고 있지만, 남편과 아내 그리고 가족 구성원 간의 애정이 어떻게 형성, 유지될 수 있는가는 해명하지 못하고 있다. 이러한 한계는 정치적, 군사적 통치방식을 가정 운영에 그대로 적용한 데서 생겨났다고 보이는데, oikos를 상하 계급의 지배-피지배 관계로 파악하고 있다는 점에서 크세노폰은 oikos에 관한 아테네의 전통적 통념을 답습하고 있는 듯하다.

하지만 그렇다고 해서 크세노폰이 아테네의 전통적 가정관을 있는 그대로 수용했다고 단정 지을 필요는 없을 듯하다. 오히려 크세노폰은 공적 삶에 집중한 나머지 가정생활을 소홀히 했던 아테네인들에게 Oeconomicus를 통해 가정생활의 중요성을 일깨워 준 동시에 여성의 권익 향상의 가치와 필요성을 환기해 주었다.

## V. 결론

세월호 침몰사고는 국민에게 엄청난 충격을 주었으며 한국사회의 총체적 부실을 바로 보여주었다. 선장과 선원들은 승객을 구조하려는 최소한의 시도조차 하지 않은 채 자기 목숨을 구하는 데 급급했고, 선박회사와 선주는 경제적 이윤만을 추구하느라 무리한 운항을 거듭한 결과 대형 참사의 빌미를 제공했다. 정부 또한 재난 예방이나 사후관리에 커다란 허점을 노출했으며, 아직도 누구나 이해할 만한 책임자 처벌이나 근본적 재난 방지 시스템 제시도 못 하는 실정이다. 하루가 멀다고 연이어 벌어지는 사건 사고로 국민은 불안에 떨고 있다. 그렇다면 도대체 한국사회의 근본적 문제점은 무엇이며, 성공적인 삶과 정상적으로 기능하는 사회시스템을 이룩하려면 어떤 대안이 필요할까?

이 물음에 대해 크세노폰은 국가든 가정이든 그 지도자 혹은 교육자의 역할이 중요하다고 지적한다. 크세노폰에 따르면, 성공적인 가정과 국가의 지도자는 두 가지 요건을 충족시켜야 한다.

① 올바른 규범을 구성원들에게 제시

② 지도자가 먼저 도덕적 본을 보임

어쩌면 한국사회가 당면한 여러 문제점의 근본적인 원인은 사회 지도층 인사들이 올바른 규범을 제시하는 동시에 스스로 남들에게 본이 되지 못했기 때문이 아닐까 생각된다. 이렇게 볼 때, 비록 크세노폰의 가정관은 가족 구성원들 간의 관계를 일종의 지배자-피지배자 관계로 파악했다는 점에서 시대적 한계를 노출하지만, 그럼에도 불구하고 성공적인 가정생활 및 사회생활을 이룩하기 위해서는 올바른 규범 제시와 질서 준수 및 지도자의 모범이 필수불가결함을 보여주고 있다는 점에서 긍정적 의의를 지닌다.

결론적으로 말해서, 얼핏 보기에 크세노폰의 Oeconomicus는 단순히 아내의 품성 교육을 포함한 가정교육 방법이나 성공적인 가정 경영의 비결을 논하는 가정서처럼 보이지만, 사실은 가정교육을 토대로 해서 사회교육 일반을 확립하려는 시도이며 성공적으로 기능하는 사회시스템을 규명하고자 한 연구의 결과물이라고 판단된다. 또한, Oeconomicus는 가정 혹은 사회의 교육자나 지도자가 구성원들에게 올바른 규범을 제시해야 하고 스스로 규범준수의 본이 되어야 함을 지적하고 있다는 점에서, 오늘날 한국사회 품성 교육의 근본적 개선방안에 대해서도 유용한 시사점을 제공해 주고 있다.

# 참고 문헌

크세노폰 저, 오유석 역(2005),《향연, 경영론》, 서울: 작은 이야기.

Blundell, S.(1995), *Women in ancient Greece,* Cambridge, Massachusetts: Harvard
    University Press.

Brownson, C.L.(1961), *Xenophon: Hellenica* Books I-V, Cambridge,
    Massachusetts: Harvard University Press.

Crisp, R.(2004), *Aristotle: Nicomachean Ethics,* Cambridge University Press.

Fleck, R.K & Hanssen, F.A.(2009), "'Rullers rulled by women': an economic
    analysis of the rise and fall of women's rights in ancient Sparta", *Econ
    Gov* 10, pp. 221-245.

Foster, E.S.(1920), *The Works of Aristotle: Oeconomica, Atheniensium Respublica,*
    Oxford: Clarendon Press.

Gregory, Timothy E.(1993), "The manly intellect of his wife: Xenophon,
    *Oeconomicus* Ch. 7", *A Classical World 86(6),* pp. 483-486.

Holden, H.A.(1889), *The Oeconomicus of Xenophon, with introduction summaries
    critical and explanatory notes*, 4th edition, London.

Kennedy, G.A.(2007), *Aristotle on Rhetoric : A theory of civic discourse*, NY &
    Oxford: Oxford University Press.

Lauriola, R.(2012), "The woman's place. An overview on women in classical
    antiquity through three exemplar figures: Antigone, Clytemnestra, and

Medea", *Revista Espaço Academico*, 130, pp. 27-44.

Lucas, D.W.(1978), *Aristotle: Poetics*, Oxford: Clarendon Press.

Macdowell, D.M.(1986), *Spartan law*, Edinburgh: Scottish Academic Press.

Marchant, E.C.(1946), *Xenophon: Scripta Minora*, Cambridge, Massachusetts: Harvard University Press.

Marchant, E.C. & Todd, O.J.(1997), *Xenophon: Memorabilia, Oeconomicus, Symposium, Apology,* Cambridge, Massachusetts: Harvard University Press.

Mayhew, R.(1999), "Behavior unbecomming a woman: Aristotle's *Poetics* 15 and Euripides' *Melanippe the Wise*", *Ancient Philosophy 19*, pp. 89-104.

Miller, W.(1928), Cicero : *De officiis*, Cambridge, Massachusetts: Harvard University Press.

(1960), *Xenophon: Cyropaedia,* 2 Vols., Cambridge, Massachusetts: Harvard University Press.

Most, G.W.(2006), *Hesiod: Theogony, Works and Days,* Testimonia, Cambridge, Massachusetts: Harvard University Press.

Murray, A.T.(1939), *Demosthenes Private Orations Vol. 3 Orations L-LIX,* Cambridge, Massachusetts: Harvard University Press.

Pomeroy, S.B.(1975), *Goddesses, Whores, Wives, and Slaves: Women in Classical Antiquity,* New York: Schocken Books.

(2002), *Spartan Women*, Oxford University Press.

Rackham, H.(1959), *Aristotle : Politics,* Cambridge, Massachusetts: Harvard University Press.

Reeve, C.D.C.(1998), *Aristotle: Politics,* Indianapolis & Cambridge: Hackett Publishing Company.

Shero, L.R.(1932), "Xenophon's portrait of a young wife", *The Classical Weekly, 26(3)*, pp. 17-21.

Smith, C.F.(1956), *Thucydides: History of the Peloponnesian War, Vol.1,*
    Cambridge, Massachusetts: Harvard University Press.

Smyth,H.W.(1926), *Aeschylus, Vol.2, Agamemnon, Libation-Bearers, Eumenides,*
    *Fragments,* Cambridge, Massachusetts: Harvard University Press.

Storr,F.(1962), *Sophocles Vol.1, Oedipus the king, Oedipus at Colonus, Antigone,*
    Cambridge, Massachusetts: Harvard University Press.

Strauss, Reo.(1998), *Xenophon's Socratic Discourse: An interpretation of the*
    *Oeconomicus,* South Rend, Indiana: St. Augustine's Press.

Tandy, David W. & Neale, Walter C.(eds.)(1996), *Hesiod's Works and Days:*
    *A translation and commentary for the social sciences,* Berkeley & LA:
    University of California Press.

Thompson, D.W.(1910), *The Works of Aristotle, Vol. 4, Historia animalium,*
    Oxford: Clarendon Press.

Way, A.S.(1929), *Euripides Vol.2 (Electra, Orestes, Iphigeneia in Taurica,*
    *Andromache, Cyclops),* Cambridge, Massachusetts: Harvard University
    Press.

    (1946), *Euripides Vol.4 (Ion, Hippolytus, Medea, Alcestis),* Cambridge,
    Massachusetts: Harvard University Press.

West, M.L.(1972), *Iambi et elegi Graeci, Vol.2,* Oxford: Clarendon Press.

# 그림 출처

크세노폰의 흉상
출처 : http://en.wikipedia.org/wiki/File:Xenophon.jpg

## 《경영론》

소크라테스의 흉상
출처 : https://en.wikipedia.org/wiki/Socrates#/media/File:Socrates_Pio-Clementino_Inv314.jpg

안티오키아(시리아) 지역의 므나
출처 : http://en.wikipedia.org/wiki/File:Mina_Antiochus_of_Syria.PNG

3단 갤리선 모형
출처 : http://en.wikipedia.org/wiki/File:Model_of_a_greek_trireme.jpg

실을 잣고 있는 여인
출처 : http://en.wikipedia.org/wiki/File:NAMA_Travail_de_la_laine.jpg

스파르타의 중갑보병
출처 :https://en.wikipedia.org/wiki/Hoplite#/media/File:Spartan_hoplite-1_from_Vinkhuijzen.jpg

팔랑크스 대오로 행진하는 중갑보병
출처 : https://commons.wikimedia.org/wiki/File:Greek_Phalanx.jpg

팔랑크스의 전투장면
출처 : http://en.wikipedia.org/wiki/File:Amphora_phalanx_Staatliche_
Antikensammlungen_1429.jpg

그리스 에비아 섬의 올리브나무
출처 : http://en.wikipedia.org/wiki/File:Olive_tree_Karystos2.jpg

올리브 수확
출처 : http://en.wikipedia.org/wiki/File:Amphora_olive-gathering_BM_B226.
jpg

## 《향연》

고대 희랍의 향연 장면
출처 : http://en.wikipedia.org/wiki/File:Symposium_scene_Nicias_Painter_MAN.jpg

판아테나이아 축제의 달리기 경주 장면
출처:http://en.wikipedia.org/wiki/File:Greek_vase_with_runners_at_the_panathenaic_
games_530_bC.jpg

팡크라티온 경기를 바라보는 트레이너와 행인
출처 : http://en.wikipedia.org/wiki/File:Pankration_Met_06.1021.49.jpg

안티스테네스
출처 : http://en.wikipedia.org/wiki/File:Anisthenes_Pio-Clementino_Inv288.jpg

키타라 연주
출처 : http://en.wikipedia.org/wiki/File:Britannica_Cithara_Phorminx.jpg

향연 중 플루트를 연주하는 소년
출처 : http://en.wikipedia.org/wiki/File:Banquet_Euaion_Louvre_G467_n2.jpg

만드레이크
출처 : http://en.wikipedia.org/wiki/File:Mandragora_Tacuinum_Sanitatis.jpg

아테네의 오볼 은화
출처 : http://en.wikipedia.org/wiki/File:SNGCop_053.jpg

호메로스의 흉상
출처 : http://en.wikipedia.org/wiki/File:Homer_British_Museum.jpg

뤼라를 들고 걸어가는 세일레노스들
출처 : http://en.wikipedia.org/wiki/File:Papposilenoi_Met_25.78.66_n01.jpg

Venus Urania
출처 : https://en.wikipedia.org/wiki/Aphrodite_Urania#/media/File:Griepenkerl,_Venus_Urania.jpg

아킬레우스와 케이론
출처 : http://en.wikipedia.org/wiki/File:Amphora_1956,1220-1.jpg

제우스의 두 아들 카스토르와 폴뤼데우케스
출처 : http://en.wikipedia.org/wiki/File:Dioskouroi_Met_L.2008.18.1-2_n03.jpg

제우스에게 제주(祭酒)를 붓는 가뉘메데스
출처 : http://en.wikipedia.org/wiki/File:Ganymedes_Zeus_MET_L.1999.10.14.jpg

파트로클로스의 상처에 붕대를 감아주는 아킬레우스
출처 : http://en.wikipedia.org/wiki/File:Akhilleus_Patroklos_Antikensammlung_Berlin_F2278.jpg

퓔라데스와 오레스테스
출처 : http://en.wikipedia.org/wiki/File:Pylades_orestes.jpg

페이리투스와 히포다미아, 그리고 켄타우로스와 테세우스
출처 : https://en.wikipedia.org/wiki/Pirithous#/media/File:Perithoos_Hippodameia_BM_

VaseF272.jpg

테미스토클레스의 이름이 새겨진 도자기 조각
출처 : http://en.wikipedia.org/wiki/File:AGMA_Ostrakon_Th%C3%A9mistocle_1.jpg

아테네인, 크산티포스의 아들 페리클레스
출처 : http://en.wikipedia.org/wiki/File:Pericles_Pio-Clementino_Inv269.jpg

머리에 화환을 쓰고 손에 cornucopia(풍요의 상징)를 들고 있는 디오뉘소스와 베일을
쓰고 있는 아리아드네
출처 : http://en.wikipedia.org/wiki/File:Dionysos_Ariadne_BM_311.jpg

# 경영론 · 향연

초판 1쇄 인쇄 2015년 9월 10일
초판 1쇄 발행 2015년 9월 17일

**지은이** 크세노폰
**옮긴이** 오유석
**발행인** 신현부
**발행처** 부북스

**주소** 서울시 중구 동호로17길 256-15
**전화** 02-2235-6041
**팩스** 02-2253-6042
**이메일** boobooks@naver.com

ISBN  978-89-93785-77-7  04100

이 도서의 국립중앙도서관 출판예정도서목록(CIP)은 서지정보유통지원시스템 홈페이지
(http://seoji.nl.go.kr)와  국가자료공동목록시스템(http://www.nl.go.kr/kolisnet)에서
이용하실 수 있습니다.(CIP제어번호: CIP2015023702)